Preis Mk. 1.50.

Wechselstempel-gesetz

vom 15. Juli 1909

nebst Ausführungsbestimmungen und Vollzugs-Vorschriften

von

L. Yblagger
Kgl. Rentamtmann in Eichstätt.

Mit Wechselstempel-Tarif, Sachregister und 4 Anhängen.

München, Berlin und Leipzig.
J. Schweitzer Verlag (Arthur Sellier).

Wechselstempel-gesetz

vom 15. Juli 1909

nebst Ausführungsbestimmungen und Vollzugs-Vorschriften

von

L. Yblagger
Kgl. Rentamtmann in Eichstätt.

Mit Wechselstempel-Tarif, Sachregister und 4 Anhängen.

München, Berlin und Leipzig.
J. Schweitzer Verlag (Arthur Sellier).

Druck von U. E. Sebald, K. B. Hofbuchdruckerei, Nürnberg.

Erklärung der Kürzungen:

AG. = Ausführungsgesetz z. RStrPO.

Anh. S. = Anhang Seite.

AusfBest. = Ausführungsbestimmungen des Bundesrats.

FME. = Finanzministerial-Entschließung.

JME. = Justizministerial-Entschließung.

OberlGM. = Entscheidung des Oberlandesgerichts München in Strafsachen.

OberstL. = Entscheidungen des obersten Landgerichts in Strafsachen.

RE. = Entscheidung des Reichsgerichts in Strafsachen.

RStG. = Reichsstempelgesetz.

RStPO. = Reichsstrafprozeßordnung.

WStG. = Wechselstempelgesetz.

RRSt. = Rechtsprechung des Reichsgerichts in Strafsachen.

WStStG. = Wechselstempelsteuergesetz.
Die §§ dieses Gesetzes stehen in ( ).

Inhalts-Verzeichnis.

Seite

Einleitung 7

Wechselstempelgesetz 9

I. Anhang:

I. Ausführungsbestimmungen zum Wechselstempelgesetze 28

Verzeichnis der benachbarten Orte 37

II. Vollzugsbestimmungen 49

II. Anhang:

Zusammenstellung der Entscheidungen des Reichsgerichts und des Kgl. Bayer. Obersten Landgerichts und des Oberlandesgerichts München 69

III. Anhang:

Hauptbegriffe des deutschen Wechsel- und Scheckrechtes 78

IV. Anhang:

Scheckstempel 82

Wechselstempeltarif im Deutschen Reiche 86

Sachregister 88

Einleitung.

Das Wechselstempelsteuergesetz vom $\frac{\text{10. Juni 1869}}{\text{4. Juli 1879}}$ erfuhr durch das Gesetz vom 4. März 1909 außer redaktionellen auch mehrfache wichtige materielle Änderungen. Allein nach kurzer Lebensdauer wurde dieses Gesetz durch das „Wechselstempelgesetz" vom 15. Juli 1909 ersetzt. Letzteres nahm nicht nur die Änderungen des Gesetzes vom 4. März 1909 auf, sondern brachte noch weitere wichtige materielle Änderungen.

Die wichtigsten derselben sind:

Erweiterung des Begriffs „Wechsel" (§ 2), Erhöhung der Steuer für langfristige Wechsel (§ 3), Bestimmungen über Verjährung des Wechselstempelanspruches (§ 16), Milderung der Strafbestimmungen durch eventuelle Zulassung einer Ordnungsstrafe (§ 17), Bestimmungen über Bestrafungen von Gesellschaftsmitgliedern, Vorständen von Aktien- &c. Gesellschaften (§ 21).

Das Wechselstempelrecht wurde hiemit wesentlich weiter ausgebaut. Eine Bestimmung über Fälschung der Stempelmarken findet sich mit Rücksicht auf § 275 usw. des RStGB. im Gesetze nicht mehr. Diese Aederungen machten eine Neuausgabe zur unabweisbaren Notwendigkeit.

Die Rechtsprechung, welche seit 12 Jahren gleichfalls eine Reihe wichtiger neuer Entscheidungen gebracht, wurde hiebei bis zum neuesten Stande berücksichtigt, desgleichen alle neueren Administrativerlasse.

Den in den reichsgerichtlichen Entscheidungen behandelten Fragen sind die betreffenden Antworten beigefügt. Es soll aber hiemit gleichwohl darauf aufmerksam gemacht werden, wo immer möglich, die betreffenden Entscheidungen vor ihrem Gebrauche ganz nachzulesen.

Die Bestimmungen über die Versteuerung der Schecks wurde wegen des bestehenden Zusammenhanges (§ 27 III) kurz zusammengefaßt.

Möge das Büchlein seinen Zweck, Erleichterung für die mit dem Vollzug der Gesetze betrauten Behörden und rasche Einführung in das Studium des Gesetzes, erreichen.

Eichstätt, den 1. August 1910.

Der Verfasser.

Wechselstempelgesetz.

Vom 15. Juli 1909.

(Reichs-Gesetzblatt Seite 825.)

---

§ 1.

Gezogene und eigene Wechsel unterliegen dem Wechselstempel.

Von der Stempelabgabe befreit bleiben:

1. die vom Ausland auf das Ausland gezogenen und die im Ausland ausgestellten eigenen Wechsel, wenn sie nur im Auslande zahlbar sind;
2. die vom Inland auf das Ausland gezogenen, nur im Ausland, und zwar auf Sicht oder spätestens innerhalb zehn Tagen nach dem Tage der Ausstellung zahlbaren Wechsel, sofern sie vom Aussteller unmittelbar in das Ausland versendet werden.

1) Die Schutzgebiete des Reichs sind als Ausland im Sinne dieses Gesetzes zu erachten, weil sie staatsrechtlich keinen Bestandteil des Reichs bilden. Sie gelten als Inland nur insoweit, als dies besonders gesetzlich bestimmt ist; z. B. Schutzgebietsgesetz vom 25. Juli 1900, §§ 90, 93 c.

Elsaß-Lothringen ist Inland (FME. v. 3. XI. 1871, FMBl. S. 171) Anhang I.

2) Vgl. weiter FME. v. 14. II. 1871 Ziff. 1 Anhang I, FME. v. 16. II. 1876 Anhang I.

3) RGE. v. 30. IX. 1884 Anhang II Nr. 1; über die wechselrechtlichen Begriffe s. Anhang III.

§ 2.

Als Wechsel im Sinne dieses Gesetzes ist auch eine Schrift anzusehen, welche nicht die sämtlichen wesentlichen Erfordernisse eines Wechsels enthält, sofern sie einem anderen unter der Vereinbarung übergeben wird, daß dieser berechtigt sein soll, die fehlenden Erfordernisse zu ergänzen. Das Bestehen einer Vereinbarung der bezeichneten Art wird vermutet, wenn die Schrift die Bezeichnung als Wechsel enthält.

Hierdurch ist der Begriff Wechsel im Sinne des Stempelgesetzes wesentlich erweitert und eine bisher bestehende wichtige Streitfrage über die strafrechtliche Haftbarkeit des Ausstellers — unvollständiger Formulare im Sinne der bisherigen Rechtsprechung — entschieden.

(Vgl. Anhang II Nr. 3, c. c.)

§ 2 erweist sich insbesondere auch von Bedeutung für die periodische Besteuerung langfristiger Wechsel (§ 3 Abs. II). Die Stempelpflicht tritt hier mit Ablauf der gesetzlichen Frist ein, gleichviel, ob die Urkunde wechselrechtlich perfekt ist oder nicht.

Ein praktischer, häufiger Fall ist der, daß der Schuldner einen akzeptierten Wechsel an eigene Ordre dem Gläubiger zur Ausfüllung sendet.

Die Schrift (Urkunde) muß aber so beschaffen sein, daß aus ihr ein Wechsel werden kann. Enthält sie eine Bestimmung, die dies ausschließt (z. B. eine Bedingung), so findet § 2 keine Anwendung.

§ 3.

I. Die Stempelabgabe beträgt:
von einer Summe

von	200	Mark und weniger			. . . 0.10	Mark,
über	200	„ „	400	„	. . . 0.20	„
„	400	„ „	600	„	. . . . 0.30	„
„	600	„ „	800	„	. . . 0.40	„
„	800	„ „	1000	„	. . . 0.50	„

und von jedem ferneren 1000 Mark der Summe 0.50 Mark mehr, dergestalt, daß jedes angefangene Tausend für voll gerechnet wird.

II. Tritt die Verfallzeit eines auf einen bestimmten Zahlungstag oder auf Sicht gestellten Wechsels später als drei Monate nach dem Ausstellungstag ein, so ist auf die Zeit bis zum Verfalltage für die nächsten neun Monate und weiterhin für je fernere sechs Monate oder den angefangenen Teil dieses Zeitraums eine weitere Abgabe in der im Abs. 1 bezeichneten Höhe zu entrichten. Die weitere Abgabepflicht tritt bei Wechseln mit bestimmtem Zahlungstage nicht ein, wenn die dreimonatige Frist um nicht mehr als fünf Tage überschritten wird. Soweit nach ausländischem Rechte Respekttage stattfinden, werden sie der dreimonatigen Frist hinzugerechnet. Die vorstehend für Sichtwechsel getroffene Vorschrift findet auch auf Wechsel Anwendung, welche bestimmte Zeit nach Sicht zahlbar sind, mit der Maßgabe, daß der Zeitraum, für den die weitere Abgabe zu entrichten ist, bei trockenen derartigen Wechseln vom Ablaufe von drei Monaten nach dem Ausstellungstage, bei bezogenen derartigen Wechseln vom Ablaufe von drei Monaten nach der Annahme des Wechsels gerechnet wird. Ist der Tag der Annahme aus dem Wechsel nicht ersichtlich, so gilt in Ansehung der Stempelpflicht der fünfzehnte Tag nach dem Ausstellungstag als Tag der Annahme, sofern nicht nachgewiesen wird, daß die Annahme zu einem anderen Zeitpunkt erfolgt ist.

III. Fehlt in einer Schrift der im § 2 bezeichneten Art die Angabe der zu zahlenden Geldsumme, so ist die Stempelabgabe und die weitere Abgabe von einer Summe von zehntausend Mark zu entrichten; wird später eine andere als diese Summe eingesetzt, so hat die entsprechende Ausgleichung durch Nacherhebung oder Erstattung der Steuer zu erfolgen. Fehlt in der Schrift eine Bestimmung über die Zahlungszeit, so tritt die Verpflichtung zur Entrichtung der weiteren Abgabe mit dem Ablaufe von drei Monaten nach dem Ausstellungstag ein. Fehlt die Angabe des Ausstellungstags, so gilt der Tag der Übergabe als Ausstellungstag.

Tarif Anhang IV.

Die wichtigste Bestimmung enthält Abs. II bezüglich der Besteuerung langfristiger Wechsel, welche jetzt nicht mehr nur einmal, sondern in periodischen Zwischenräumen erfolgt (vgl. AusfBest. § 1 Anh. I).

Hinsichtlich der Besteuerung der Wechsel von Versicherungsaktiengesellschaften, welche zur Sicherung nicht einbezahlten Aktienkapitals hinterlegt sind, s. FMBekanntm. v. 22. Juli 1910, GVBl. 1910 S. 297/8 Anhang I. Für die Anwendung des § 3 Abs. II Nr. 2 ist der tatsächliche (nicht der etwa hiervon abweichende, auf dem Wechsel angegebene spätere) Zeitpunkt der Ausstellung maßgebend.

FME. v. 25. März 1910 Nr. 9978.

§ 4.

Die zum Zwecke der Berechnung der Abgabe vorzunehmende Umrechnung der in einer anderen als der Reichswährung ausgedrückten Summen erfolgt, soweit der Bundesrat nicht für gewisse Währungen allgemein zugrunde zu legende Mittelwerte festsetzt und bekanntmacht, nach Maßgabe des laufenden Kurses.

Vgl. § 2 AusfBest. Anhang I; siehe Tarif.

§ 5.

Für die Entrichtung der Abgabe sind der Reichskasse sämtliche Personen, welche an dem Umlaufe des Wechsels im Inlande teilgenommen haben, als Gesamtschuldner verhaftet. Die Haftung für die weitere Abgabe (§ 3 Abs. 2) ist auf die Personen beschränkt, welche nach Eintritt der weiteren Abgabepflicht am Umlaufe des Wechsels teilgenommen haben.

Vgl. FME. v. 14. Juni 1871 Ziff. 4 Anhang I; RGE. v. 16. IV. 1885 Anh. II Nr. 3; 25. IV. Anh. II Nr. 2.

§ 6.

Als Teilnehmer an dem Umlauf eines Wechsels wird hinsichtlich der Steuerpflichtigkeit angesehen der Aussteller, jeder Unterzeichner oder Mitunterzeichner eines Akzepts, eines Indossaments oder einer anderen Wechselerklärung, und jeder, der für eigene oder fremde Rechnung den Wechsel erwirbt, veräußert, verpfändet oder als Sicherheit annimmt, zur Zahlung präsentiert, Zahlung darauf empfängt oder leistet, oder mangels Zahlung Protest erheben läßt, ohne Unterschied, ob der Name oder die Firma auf den Wechsel gesetzt wird oder nicht.

Vgl. FME. v. 14. Juni 1871 Ziff. 4 Anh. I; RGE. v. 1. I. 1884 Anh. II Nr. 5; 13. X. 1890 Anh. II Nr. 4; 22. XI. 1898 Anh. II Nr. 7; 7. X. 1988 Anh. II Nr. 8.

§ 7.

I. Die Entrichtung der Stempelabgabe (§ 3 Abs. 1) muß erfolgen, ehe ein inländischer Wechsel von dem Aussteller, ein ausländischer Wechsel von dem ersten inländischen Inhaber (§ 6) aus den Händen gegeben wird.

II. Die Entrichtung der weiteren Abgabe (§ 3 Abs. 2) muß innerhalb der drei ersten Tage des Zeitraums erfolgen, für den sie zu zahlen ist, und wenn sich der Wechsel zu dieser Zeit im Auslande befunden hat, innerhalb der ersten drei Tage nach der Einbringung des Wechsels ins Inland. Die Entrichtung liegt dem Inhaber des Wechsels ob.

III. Ist der Wechsel von dem nach Abs. 1 Steuerpflichtigen bis zu dem im Abs. 2 bezeichneten Zeitpunkte nicht aus den Händen gegeben, so ist die Stempelabgabe gleichzeitig mit der weiteren Abgabe zu entrichten.

IV. Es ist zulässig, die weitere Abgabe für einen längeren als den neunmonatigen oder sechsmonatigen Zeitraum sowie die gesamte auf die Zeit bis zum Verfalltag entfallende Stempelabgabe im voraus zu entrichten.

Vgl. FME. v. 14. Juni 1871 Ziff. 4 Anh. I Nr. 3; RGE. v. 9. XII. 1886 Anh. II Nr. 12; 10. X. 1893 Anh. II Nr. 9; EOLGM. v. 3. II. 1894 Anh. II Nr. 10.

Beispiel zu Abs. II:

Zieht A in München am 1. April auf B in Augsburg einen 6 Monate a dato oder nach Sicht zahlbaren Wechsel zu 600 Mk. und behält ihn nach Annahme am 15. April vorerst in Portefeuille, so muß bis 3. bzw. 18. Juli nachts 12 Uhr entrichtet sein:

1. 30 Pfg. erstmaliger Stempel.
2. 30 Pfg. weitere Abgabe.

Ob der Wechsel vollständig im Sinne der WO. ist, ist nach § 2 belanglos.

§ 8.

I. Dem Aussteller eines inländischen Wechsels und dem ersten inländischen Inhaber eines ausländischen Wechsels ist vorbehaltlich der Vorschriften des § 7 Abs. 2, 3 gestattet, den mit einem inländischen Indossamente noch nicht versehenen Wechsel vor Entrichtung der Stempelabgabe lediglich zum Zwecke der Annahme zu versenden und zur Annahme zu präsentieren. Der Akzeptant eines unversteuerten Wechsels ist verpflichtet, vor der Rückgabe oder jeder anderweiten Aushändigung des Wechsels die Versteuerung desselben zu bewirken.

II. Wird jedoch ein nicht zum Umlauf im Inlande bestimmtes Exemplar eines in mehreren Exemplaren ausgefertigten Wechsels zur Einholung des Akzeptes benutzt, so bleibt der Akzeptant von der Verpflichtung zur Versteuerung befreit, wenn die Rückseite des akzeptierten Exemplars vor der Rückgabe dergestalt durchkreuzt wird, daß dadurch die weitere Benutzung desselben zum Indossieren ausgeschlossen wird.

FME. v. 21. Juni 1871 Ziff. 5 Anh. I; vgl. die zu §§ 15/6 angegebenen richterlichen Entscheidungen.

§ 9.

Wird derselbe Wechsel in mehreren, im Kontext als Prima, Sekunda, Tertia usw. bezeichneten Exemplaren ausgefertigt, so ist unter diesen dasjenige zu versteuern, welches zum Umlaufe bestimmt ist.

FME. v. 21. Juni 1871 Ziff. 6 Anh. I, II. Die Notadresse ist keine Wechselerklärung im eigentlichen Sinne des Wortes.

Hinsichtlich des Akzepts ist schon im § 8 das Nähere verordnet.

§ 10.

I. Außerdem unterliegt der Versteuerung jedes Exemplar, auf welches eine Wechselerklärung — mit Ausnahme des Akzepts und der Notadressen —

gesetzt ist, die nicht auf einem nach Vorschrift dieses Gesetzes versteuerten Exemplare sich befindet. Die Versteuerung muß erfolgen, ehe das betreffende Exemplar von dem Aussteller der die Stempelpflichtigkeit begründenden Wechselerklärung, oder, wenn letztere im Ausland abgegeben ist, von dem ersten inländischen Inhaber aus den Händen gegeben wird.

II. Soll ein unversteuertes Wechselduplikat ohne Auslieferung eines versteuerten Exemplars desselben Wechsels bezahlt oder mangels Zahlung protestiert werden, so ist die Versteuerung desselben zu bewirken, ehe die Zahlung oder Protestaufnahme stattfindet.

III. Der Beweis des Vorhandenseins eines versteuerten Wechselduplikats oder des Einwandes, daß die auf ein unversteuertes Exemplar gesetzte Wechselerklärung auf einem versteuerten Duplikat abgegeben sei, oder daß bei Bezahlung eines unversteuerten Duplikats auch ein versteuertes Exemplar ausgeliefert sei, liegt demjenigen ob, welcher wegen unterlassener Versteuerung eines Wechselexemplars in Anspruch genommen wird.

§ 11.

Die Bestimmungen im § 10 finden gleichmäßig auf Wechselabschriften Anwendung, welche mit einem Original-Indossament oder mit einer anderen urschriftlichen Wechselerklärung versehen sind. Jede solche Abschrift wird hinsichtlich der Besteuerung einem Duplikate desselben Wechsels gleichgeachtet.

Hinsichtlich der Begriffe Exemplar, Ausfertigung (Prima, Sekunda usw.) und Abschrift (Kopie) siehe Anh. III Ziff. 8.

§ 12.

I. Ist die in den §§ 7 bis 11 vorgeschriebene Versteuerung eines Wechsels, eines Wechselduplikats oder einer Wechselabschrift unterlassen, so ist der nächste, und, solange die Versteuerung nicht bewirkt ist, auch jeder fernere inländische Inhaber verpflichtet, den Wechsel zu versteuern, ehe er denselben auf der Vorder- oder Rückseite unterzeichnet, veräußert, verpfändet, zur Zahlung präsentiert, Zahlung darauf empfängt oder leistet, eine Quittung darauf setzt, mangels Zahlung Protest erheben läßt oder den Wechsel aus den Händen gibt. Auf die von den Vordermännern verwirkten Strafen hat die Entrichtung der Abgabe durch einen späteren Inhaber keinen Einfluß.

II. Ist eine nach den Vorschriften dieses Gesetzes bestehende Stempelpflicht aus dem Wechsel selbst nicht zu ersehen, so besteht die im Abs. 1 bestehende Verpflichtung nur, wenn die Umstände, welche die Stempelpflicht überhaupt oder in einem höheren Umfange begründen, dem ferneren Inhaber bekannt oder infolge grober Fahrlässigkeit unbekannt sind.

Siehe FME. v. 19. Oktober 1878 Anh. I Nr. 10; RGE. v. 20. Sept. 1886 Anh. II Nr. 11; vgl. ferner die zu §§ 5/6 und 15/6 angegebenen Entscheidungen.

Vgl. RGE. v. 30. III. 1908 Anh. II Nr. 21 und die Bemerkung hierzu.

§ 13.

Ein zur Annahme versandtes Wechselexemplar darf vom Verwahrer gegen Vorlegung eines nicht versteuerten Exemplars oder einer nicht versteuerten Abschrift desselben Wechsels unversteuert nur ausgeliefert werden, wenn dieses unversteuerte Exemplar oder diese unversteuerte Abschrift zuvor auf der Rückseite dergestalt durchkreuzt ist, daß dadurch die Benutzung zum Indossieren ausgeschlossen wird. Ist dies nicht der Fall, so haftet der Verwahrer, der das mit dem Annahmevermerke versehene Exemplar unversteuert ausliefert, für die Stempelabgabe und verfällt, wenn sie nicht rechtzeitig entrichtet wird, in die im § 18 bestimmte Strafe.

Vgl. hierzu die Bestimmung in § 8 II.

§ 14.

Die Verpflichtung zur Entrichtung der Stempelabgabe wird erfüllt:

1. durch Ausstellung des Wechsels auf einem mit dem erforderlichen Wechselstempel versehenen Vordruck, oder
2. durch Verwendung der erforderlichen Wechselstempelmarke auf dem Wechsel, wenn hierbei die von dem Bundesrat erlassenen und bekanntgemachten Vorschriften über die Art und Weise der Verwendung beobachtet worden sind.

§ 15.

Stempelmarken, welche nicht in der vorgeschriebenen Weise verwendet worden sind, werden als nicht verwendet angesehen.

Ausführungsbestimmungen zu §§ 3 mit 8 Anh. I; FME. v. 24. Aug. 1876 Anh. I zu § 3 ferner FMBekanntm. v. 22. Juni 1910 Ziff. 5 Anh. I Nr. 2; RE. v. 20. Nov. 1882 Anh. II Nr. 13.

Von besonderem Interesse ist § 8, welcher im Gegensatz zu der früheren Gesetzesauslegung — Ziff. 7 d. FMBek. v. 14. Juni 1871 — aus der bloßen unvorschriftsmäßigen Markenverwendung keine Zahlungspflicht ableitet, wie dies bezüglich der unrichtigen Kassierung schon mit FME. vom 9. Februar 1882 — FMBl. S. 42 — anerkannt war (Anh. I Nr. 12).

Bezüglich der Fälschung von Marken in Blanketts vgl. StGB. 275/6.

§ 16.

I. Der Anspruch auf Entrichtung des Wechselstempels verjährt in fünf Jahren.

II. Die Verjährung beginnt mit dem Schlusse des Jahres, in welchem der Wechsel fällig geworden ist.

III. Die Verjährung wird unterbrochen durch jede von der zuständigen Behörde zur Geltendmachung des Anspruchs gegen den Zahlungspflichtigen gerichtete Handlung. Wird die Verjährung unterbrochen, so beginnt eine neue Verjährung nicht vor dem Schlusse des Jahres, in welchem die Unterbrechung stattgefunden hat.

IV. Die Unterbrechung der Verjährung wirkt nur gegen denjenigen, gegen welchen die Unterbrechungshandlung gerichtet worden ist.

V. Ist auf Grund des § 18 gegen eine der dort bezeichneten Personen ein Strafverfahren wegen Hinterziehung eingeleitet, so verjährt der Anspruch auf Entrichtung des Wechselstempels gegenüber dieser Person nicht früher als die Strafverfolgung.

Die Verjährungsfrage war für den Wechselstempel bisher nicht gesetzlich geregelt. Eine besondere Anforderung eines Stempels ohne gleichzeitiges Strafverfahren wird wohl sehr selten sein, sodaß Abs. III wohl die Regel bilden wird.

Die Bestimmung verschiebt die Vollendung der Verjährung unter Umständen weit über den Zeitpunkt des Abs. I (vgl. FME. v. 14. Juni 1871 Ziff. 11 Abs. III Anh. I.)

§ 17.

In Beziehung auf die Verpflichtung zur Entrichtung des Wechselstempels ist der Rechtsweg zulässig. Die Vorschriften des § 94 des Reichsstempelgesetzes vom 15. Juli 1909 finden Anwendung.

AusfBest. § 9 mit § 11.

Eine gesetzliche Bestimmung über die Zulässigkeit des Rechtsweges mangelte bisher; doch ist die Zulässigkeit des Rechtsweges bezüglich des Schlußnotenstempels nach dem Gesetze vom 1. Juli 1881 (Börsensteuergesetz) für Preußen reichsgerichtlich anerkannt gewesen.

Nach dem Vorgange der Reichsstempelgesetze vom Jahre 1894, 1900, 1906 wurde nunmehr auch bezüglich des Wechselstempels diese Frage gesetzlich geregelt.

Die betreffenden Bestimmungen des Reichsstempelgesetzes vom 15. Juli 1909 lauten:

„Die Klage ist bei Verlust des Klagerechts binnen 6 Monaten nach erfolgter Beitreibung oder mit Vorbehalt geleisteter Zahlung zu erheben. Für die Berechnung dieser Frist sind die Bestimmungen der Zivilprozeßordnung maßgebend. Zuständig sind ohne Rücksicht auf den Wert des

Streitgegenstandes die Landgerichte. Soweit bei denselben Kammern für Handelssachen bestehen, gehört der Rechtsstreit vor diese. Die Revision sowie die Beschwerde gegen Entscheidungen der Oberlandesgerichte gehen an das Reichsgericht."

(Eine Änderung der reichsgerichtlichen Zuständigkeit ist durch das Gesetz vom 22. Mai 1910, „die Zuständigkeit des Reichsgerichts, RGBl. 767" nicht eingetreten.)

Das Gesetz setzt als Bedingung der Klage Beitreibung oder Zahlung unter Vorbehalt. Wenn daher bezüglich der Stempelpflicht Zweifel bestehen, so muß nach Verwendung der Stempelmarken bei der betreffenden Steuerstelle Verwahrung eingeregt werden (vgl. RGE. z. Reichsstempelges. v. 29. 6. 96, E. Bd. 37 S. 121).

Für Bayern ist als Steuerstelle das Kgl. Rentamt zu erachten (FMBek. v. 2. X. 1879, GOBl. S. 1409, ABO. f. Rentämter, § 1 Abs. I lit. b v. 10. V. 1903, FMBl. 1903 S. 206). Hinsichtlich der Beitreibung wird mangels ausdrücklicher Bestimmung analoge Anwendung von § 103 des Reichsstempelgesetzes stattfinden müssen. Die Post ist keine Steuer-, sondern lediglich Markenverschleißstelle (Anh. I).

Die Frage, gegen wen die Klage zu richten ist, beantwortet § 9 der Ausführungsvorschriften dahin, daß dieselbe gegen den Fiskus desjenigen Bundesstaates zu richten ist, dessen Steuerbehörde die Abgabe beigetrieben oder der gegenüber der Vorbehalt bei Zahlung erklärt worden ist.

Diese Bestimmung steht mit der Rechtsprechung des Reichsgerichtsurteils vom 20. Mai 1884, E. in ZivS. Bd. 11 S. 96, mit der Natur der Reichsabgaben und der Teilung der Staatsgewalt zwischen Reich und Bundesstaaten in Einklang. Sie entspricht auch der Fassung des Gesetzes in § 29 I und § 2 des Ges. v. 3. Juni 1906, „die Ordnung des Reichshaushalts betr.", RGBl. S. 620.

Die Bestimmung in § 103 des Reichsstempelgesetzes ist nur eine selbstredende Folge dieser Auffassung. Demnach besteht die Abgabenpflicht (§ 5 WStG.) gegenüber dem Reiche, nicht gegenüber dem jeweiligen Bundesstaate, aber letzterer erhebt die Abgabe kraft Selbstverwaltungsrecht in seinem Namen für Rechnung der Reichskasse zunächst zur Landeskasse, und erst der Reinertrag wird aus der Landeskasse an die Reichskasse abgeführt (vgl. Seydel

d. StR. I. Aufl. Bd. 4 S. 284; Laband, Reichsstaatsr. kl. Ausgabe III. Aufl. S. 291; Bloch, Reichsstaatsrecht S. 176 § 56/II. „Die öffentlichen Einnahmen dagegen sind entweder Gebühren, welche das Reich von Einzelnen für spezielle Dienste seiner Behörden (Post usw.) erhebt oder Steuern, die es in Ausübung seiner Hoheitsrechte allen ihm unterworfenen Personen auferlegt.") Eben deswegen ist auch eine Vertretung des Reichsfiskus in einem Stempelprozesse durch eine Behörde eines Bundesstaats ausgeschlossen.

Dieselbe könnte sich überdies, wie das Erkenntnis des RG. vom 9. April 1884 E. ZivS. Bd. 11 S. 93 richtig ausführt, nur auf eine besondere gesetzliche Bestimmung gründen.

Nachdem die Klage gegen den Landesfiskus zu richten ist, bemißt sich das Verfahren in Bayern nach Art. 21 AGzZPO.

Hiernach ist zunächst Abhilfe im Verwaltungswege bei der zuständigen höheren Verwaltungsbehörde (Kgl. Regierungsfinanzkammer, AB. v. 10. V. 1903, FMBl. S. 208) zu suchen und erst, wenn ein abschlägiger oder binnen 6 Wochen kein Bescheid erteilt ist, die Klage einzureichen.

Steuerdirektivbehörde ist in Bayern die jeweilige Kgl. Regierungsfinanzkammer.

§ 18.

I. Die Nichterfüllung der Verpflichtung zur Entrichtung der Stempelabgabe wird mit einer Geldstrafe bestraft, welche dem fünfzigfachen Betrage der hinterzogenen Abgabe gleichkommt.

II. Diese Strafe ist besonders und ganz zu entrichten von jedem, welcher der nach den §§ 5 bis 13 ihm obliegenden Verpflichtung zur Entrichtung der Stempelabgabe nicht rechtzeitig genügt hat, ingleichen von inländischen Maklern und Unterhändlern, welche wissentlich unversteuerte Wechsel verhandelt haben.

III. Kann der Vertrag der hinterzogenen Abgabe nicht festgestellt werden, so tritt statt der vorstehend bestimmten Strafe eine Geldstrafe von fünfundzwanzig bis zu zehntausend Mark ein.

Vgl. Ziff. 8 FME. v. 14. Juni 1871 Anh. I; RGE. v. 26. XI. 1879 Anh. II Nr. 14; 7. V. 1880 Anh. II Nr. 14; 6. X. 1881 Anh. II Nr. 16; 20. XI. 1882 Anh. II Nr. 13; 7. VII. 1893 Anh. II Nr. 18; 3. XII. 1894 Anh. II Nr. 19; 25. IX. 1896 Anh. II Nr. 20; 2. III. 1908 Anh. II Nr. 21; 30. III. 1908 Anh. II Nr. 21; OLGE. v. 20. VI. 1903 Anh. II Nr. 22.

§ 19.

Der Akzeptant eines gezogenen und der Aussteller eines trockenen Wechsels können daraus, daß der Wechsel zur Zeit der Annahmeerklärung beziehungsweise der Aushändigung mangelhaft gewesen sei, keinen Einwand gegen die gesetzlichen Folgen der Nichtversteuerung desselben entnehmen.

Vgl. Anm. zu § 2 oben. RE. v. 30. VI. 1887 Anh. II Nr. 23; 19. III. 1897 Anh. II Nr. 23; 22. XI. 1898 Anh. II Nr. 24; 11. XII. 1902 Anh. II Nr. 25; 31. I. 1905 Anh. II Nr. 26; ObLGE. v. 5. VI. 1905 Anh. II Nr. 27.

§ 20.

Ergibt sich in den Fällen der §§ 18, 19 aus den Umständen, daß eine Hinterziehung der Stempelabgabe nicht hat verübt werden können oder nicht beabsichtigt worden ist, so tritt eine Ordnungsstrafe bis zu einhundertfünfzig Mark ein.

Die Bestimmung wurde nach dem Vorbilde des Reichsstempelgesetzes zur Milderung unnötiger Härten neu eingefügt.

§ 21.

I. Die auf Grund dieses Gesetzes zu verhängenden Strafen sind bei offenen Handelsgesellschaften, Kommanditgesellschaften und Kommanditgesellschaften auf Aktien gegen die zur Vertretung der Gesellschaft berechtigten Gesellschafter, bei Gesellschaften mit beschränkter Haftung gegen die Geschäftsführer, bei Genossenschaften, Aktiengesellschaften und sonstigen rechtsfähigen Vereinen gegen die Vorstandsmitglieder nur im einmaligen Betrage, jedoch unter Haftbarkeit jedes einzelnen als Gesamtschuldner festzusetzen.

Ebenso ist in anderen Fällen zu verfahren, in denen mehrere Personen gemeinschaftlich oder als Vertreter desselben Teilnehmers am Umlaufe des Wechsels beteiligt sind.

II. Die Vorschrift des Abs. 1 Satz 1 findet entsprechende Anwendung im Verhältnisse des Vollmachtgebers zu dem Bevollmächtigten, welcher innerhalb der ihm zustehenden Vertretungsmacht im Namen des Vollmachtgebers eine der in den §§ 7 bis 13 bezeichneten Handlungen vornimmt, bevor der Verpflichtung zur Entrichtung des Stempels genügt ist.

Die Bestimmung enthält in Übereinstimmung mit dem Reichsstempelgesetze (§ 96) eine Abweichung von dem in § 47 StGB. wiedergegebenen strafrechtlichen Grundsatze, daß über jeden gemeinschaftlichen Täter die Strafe besonders zu verhängen ist (vgl. RG. v. 21. IX. 1906; jetzt überholt). Die nötigen Aufschlüsse ergeben die gerichtlichen Registereinträge (Handels- 2c. Register).

§ 22.

Die Umwandlung einer nicht beizutreibenden Geldstrafe in eine Freiheitsstrafe findet nicht statt. Auch ist, wenn der Verurteilte ein Deutscher ist, die Zwangsversteigerung eines Grundstücks ohne seine Zustimmung nicht zulässig.

§ 23.

I. Die Strafverfolgung von Hinterziehung des Wechselstempels (§ 18) verjährt in fünf Jahren, von anderen Zuwiderhandlungen (§ 20) in einem Jahre.

II. Die Verjährung beginnt mit dem Schlusse des Jahres, in welchem der Wechsel fällig geworden ist.

III. Wird die Verjährung unterbrochen, so beginnt eine neue Verjährung nicht vor dem Schlusse des Jahres, in welchem die Unterbrechung stattgefunden hat.

Vgl. Anm. zu § 16. Das reichsgerichtliche Erkenntnis vom 29. März 1898 Anhang II Nr. 28 ist hiermit überholt.

§ 24.

I. Hinsichtlich des Verwaltungsstrafverfahrens, der Strafmilderung und des Erlasses der Strafe im Gnadenwege sowie hinsichtlich der Strafvollstreckung kommen die Vorschriften zur Anwendung, nach welchen sich das Verfahren wegen Vergehen gegen die Zollgesetze — in den von der gemeinschaftlichen Zollgrenze ausgeschlossenen Bezirken aber das Verfahren wegen Vergehen gegen die Stempelgesetze — bestimmt.

II. Die in den §§ 18, 20 vorgeschriebenen Geldstrafen fallen dem Fiskus desjenigen Staates zu, von dessen Behörden die Strafentscheidung erlassen ist.

Vgl. FME. v. 2. X. 1879 Anh. I Nr. 11; 11. X. 1873 Anh. I Nr. 6 (Umgangnahme von Bestrafung); siehe ferner Anweisung v. 2. X. 1879 GVOBl. S. 1382 §§ 1, 7, 11/15, 18 und 19 mit 21.

Dasjenige Rentamt, in dessen Bezirk die Wechselstempelsteuerhinterziehung entdeckt wird, hat die Feststellung des Tatbestandes vorzunehmen; den Strafbescheid kann es jedoch nur dann erlassen, wenn ihm die örtliche Zuständigkeit nach § 7 RStPO. zusteht.

(forum delicti.)

FME. v. 29. V. 1895 (nicht gedruckt).

Zu erwähnen wäre noch, daß die Entscheidung über die Wechselstempelpflicht im Strafverfahren unabhängig von einer zivilrechtlichen Entscheidung erfolgt, wie auch umgekehrt (StPO. § 261, ZPO. § 149). Die erstinstanzielle Zuständigkeit, Amtsgericht oder Landgericht, richtet sich nach der Höhe der im administrativen Wege erkannten Strafe (GVG. § 27). Bezüglich der auch jetzt noch zulässigen Ausdehnung der Strafverfolgung auf Angehörige anderer Bundesstaaten sowie über die gegenseitige Beistandsleistung der Behörden vgl. RG. 8. Juni 1895 RGBl. S. 256, Zusammenstellung der Großherzog-Badischen Steuerdirektion Karlsruhe v. J. 1904 und FME. 8. VIII. 10 Nr. 24567.

§ 25.

Die in den einzelnen Bundesstaaten mit der Beaufsichtigung des Stempelwesens beauftragten Behörden und Beamten haben die ihnen obliegenden

Verpflichtungen mit gleichen Befugnissen, wie sie ihnen hinsichtlich der nach den Landesgesetzen zu entrichtenden Stempelabgaben zustehen, auch hinsichtlich des Wechselstempels wahrzunehmen.

§ 26.

I. Außer den Steuerbehörden haben alle diejenigen Staats- oder Kommunalbehörden und Beamten, denen eine richterliche oder Polizeigewalt anvertraut ist, sowie die Notare, die Postbeamten und andere Beamte, welche Wechselproteste ausfertigen, die Verpflichtung, die Besteuerung der bei ihnen vorkommenden Wechsel und Anweisungen von Amts wegen zu prüfen und die zu ihrer Kenntnis kommenden Zuwiderhandlungen gegen dieses Gesetz bei der nach § 24 zuständigen Behörde zur Anzeige zu bringen.

II. Auf der nach der Wechselordnung zurückzubehaltenden Abschrift des Protestes ist ausdrücklich zu bemerken, mit welchem Wechselstempel die protestierte Urkunde versehen oder daß sie mit einem Wechselstempel nicht versehen ist.

Vgl. Ziff. 13 FME. v. 14. VI. 1871 Anh. I JustizminEntschl. v. 6. VI. 1871 Anh. I FMBek. v. 30. IX. 1871 Anh. I JustizminEntschl. v. 3. V. 1877 Anh. I. Die Strafstatistik ist weggefallen (FMBek. v. 24. IV. 1910 FMB. S. 118).

§ 27.

I. Die Vorschriften dieses Gesetzes finden entsprechende Anwendung:

1. auf Verpflichtungsscheine über die Zahlung von Geld, sofern sie durch Indossament übertragen werden können,
2. auf Anweisungen über die Zahlung von Geld, sofern sie durch Indossament übertragen werden können oder auf den Inhaber lauten oder sofern die Zahlung an jeden Inhaber bewirkt werden kann.

II. Es macht keinen Unterschied, ob die im Abs. 1 bezeichneten Urkunden in Form von Briefen oder in anderer Form ausgestellt werden.

III. Befreit von der Stempelabgabe sind Schecks mit der im § 29 Abs. 2 des Scheckgesetzes*) vorgesehenen Ausnahme sowie die statt der Barzahlung dienenden auf Sicht zahlbaren Platzanweisungen, die nicht Schecks sind. Eine auf die Urkunde gesetzte Annahmeerklärung macht den Scheck oder die Platzanweisung steuerpflichtig, sofern der Annahmeerklärung rechtliche Wirkung zukommt. Die Versteuerung muß erfolgen, ehe der Akzeptant den Scheck oder die Platzanweisung aus den Händen gibt.

IV. In welchen Fällen Anweisungen, die an einem Nachbarorte des Ausstellungsorts zahlbar sind, den Platzanweisungen gleichzuachten sind, bestimmt der Bundesrat nach Maßgabe der örtlichen Verhältnisse.

*) Nach § 29 Abs. 2 des Scheckgesetzes vom 11. März 1908 (Reichs-Gesetzbl. S. 77) sind als Schecks, für welche die Befreiung von der Wechselstempelabgabe bestimmt ist, nicht anzusehen diejenigen Schecks, welche vor dem auf ihnen angegebenen Ausstellungstag in Umlauf gesetzt sind. Für die Entrichtung der Abgabe haftet als Gesamtschuldner jeder, der am Umlaufe des Schecks im Sinne des § 6 des Wechselstempelgesetzes im Inlande vor dem Ausstellungstage teilgenommen hat.

Begriffe s. Anh. III Ziff. 4; Abs. IV vgl. AusfBest. § 15 Anh. I

§ 28.

I. Urkunden, welche nach diesem Gesetze stempelpflichtig sind oder auf welche die in diesem Gesetze vorgesehenen Stempelbefreiungen Anwendung finden, sind in den einzelnen Bundesstaaten keiner Abgabe unterworfen.

II. Auch von den auf derartige Urkunden gesetzten Übertragungsvermerken, Quittungen und sonstigen auf die Leistungen aus diesen Papieren bezüglichen Vermerken dürfen landesgesetzliche Abgaben nicht erhoben werden. Auf Proteste findet diese Vorschrift keine Anwendung.

Vgl. zu Abs. II Schluß d. GebGes. Art. 282a. 1 ‰ mindestens 1 ℳ.

§ 29.

I. Der Ertrag des Wechselstempels fließt in die Reichskasse.

II. Jedem Bundesstaate wird von der jährlichen Einnahme, welche in seinem Gebiet aus dem Verkaufe von Stempelmarken oder abgestempelten Vordrucken erzielt wird, der Betrag von zwei vom Hundert aus der Reichskasse gewährt.

Abs. I vgl. § 17.

Abs. II: Die Entschädigung Bayerns wird im ganzen bei der Kgl. Zentralstaatskasse vereinnahmt und auf Etat 3 Kap. 2 § 10 der Staatsh.-Rechnung verrechnet.

§ 30.

I. Die zur Ausführung dieses Gesetzes nötigen Bestimmungen werden vom Bundesrate getroffen.

II. Der Bundesrat erläßt insbesondere die Anordnungen wegen der Anfertigung und des Vertriebs der nach Maßgabe dieses Gesetzes zu verwendenden Stempelmarken und gestempelten Vordrucke sowie die Vorschriften über die Art der Verwendung der Marken. Er stellt die Bedingungen fest, unter welchen für verdorbene Marken und Vordrucke Erstattung zulässig ist.

Vgl. AusfBest. § 12/4.

§ 31.

I. Dieses Gesetz tritt mit dem 1. August 1909 in Kraft.

II. Auf die vor dem 1. April 1909 ausgestellten inländischen oder von dem ersten inländischen Inhaber aus den Händen gegebenen ausländischen Wechsel finden die Vorschriften des § 16 mit der

Maßgabe Anwendung, daß die Verjährungsfrist von dem Tage des Inkrafttretens des Gesetzes vom 4. März 1909 an gerechnet wird, falls die Wechsel vor diesem Zeitpunkte fällig waren.

III. In diesem Gesetze für stempelpflichtig erklärte inländische Urkunden und Schriften, welche vor dem im Abs. 1 bezeichneten Zeitpunkt ausgestellt oder unter der im § 2 bezeichneten Vereinbarung übergeben worden sind, sowie ausländische derartige Urkunden und Schriften, die vor jenem Zeitpunkt ins Inland eingebracht worden sind, unterliegen der weiteren Abgabe (§ 3 Abs. 2), sofern sie zu jenem Zeitpunkte noch nicht zahlbar waren. Die Verpflichtung zur Entrichtung der weiteren Abgabe tritt mit dem angegebenen Zeitpunkt ein, sofern nicht nach den sonstigen Vorschriften dieses Gesetzes ein späterer Zeitpunkt maßgebend ist. Mit der weiteren Abgabe ist gleichzeitig die im § 3 Abs. 1 angeordnete Stempelabgabe zu entrichten, sofern ihre Entrichtung nicht bereits erfolgt ist.

IV. Für das Gebiet der Insel Helgoland wird der Zeitpunkt des Inkrafttretens des Gesetzes durch Kaiserliche Verordnung unter Zustimmung des Bundesrats festgesetzt.

Abs. II: Das Gesetz vom 4. März 1909 trat am 1. April 1909 in Kraft.

Zu Abs. II: Wechsel, welche am 1. August 1909 länger als 3 Monate liefen und zu diesem Zeitpunkte noch nicht fällig waren, sind bezüglich der weiteren Abgabe so zu behandeln, als ob der 3monatige Zeitraum mit dem 31. Juli zu Ende gegangen wäre (FME. v. 13. X. 1909 Nr. 31 522). Es ist also am 1. August 1909 zum erstenmale die weitere Abgabe für den Zeitraum bis 30. April 1910 zu erheben gewesen. Beträgt die vor dem 1. August 1910 gelegene Lauffrist weniger als 3 Monate, so tritt die Abgabepflicht erst mit Ablauf von 3 Monaten vom Ausstellungstage an ein (FME. v. 9. III. 1910 Nr. 7930, Bl. f. Finanzw. 1910 S. 92/93).

Anhang I.

I.

Ausführungsbestimmungen zum Wechselstempelgesetze

vom 15. Juli 1909.

Bundesratsbeschluß vom 26. Juli 1909.

(Zentralblatt für das Deutsche Reich S. 402.)

Zu § 3 des Gesetzes.

§ 1.

Ist bei Wechseln, welche mit dem Ablauf einer bestimmten Frist nach Sicht zahlbar sind, die Frist in Tagen ausgedrückt, so werden 90 Tage einem Zeitraume von drei Monaten gleichgestellt.

Zu § 4 des Gesetzes.

Umrechnung fremder Währungen.

§ 2.

Behufs Umrechnung der in einer anderen als der Reichswährung ausgedrückten Summen sind für die nachstehenden Währungen die dabei bemerkten Mittelwerte allgemein zu Grunde zu legen:

1 Pfund Sterling	=	20,40 Mark,
1 Frank, Lira, Peseta (Gold), Lëu, finnische Mark	=	0,80 „
1 österreichischer Gulden (Gold) .	=	2,00 „
1 österreichischer Gulden (Währung)	=	1,70 „
1 österreichisch-ungarische Krone .	=	0,85 „

1 Gulden holländischer Währung .	=	1,70	Mark,
1 skandinavische Krone	=	1,125	"
1 alter Goldrubel	=	3,20	"
1 Rubel	=	2,16	"
1 alter Kreditrubel	=	2,16	"
1 türkischer Piaster	=	0,18	"
1 Peso (Gold)	=	4,00	"
1 Dollar	=	4,20	"
1 alter japanischer Goldyen . . .	=	4,20	"
1 japanischer Yen	=	2,10	"
1 deutsch-ostafrikanische oder indische			"
1 mexikanischer Golddollar	=	2,10	"
1 Rupin	=	1,36	"

Zu §§ 14 und 15 des Gesetzes.

Art und Vertrieb der Stempelzeichen.

§ 3.

(1) Zum Zwecke der Entrichtung der Abgabe und der weiteren Abgabe werden Stempelmarken über 0,10; 0,20; 0,30; 0,40; 0,50; 1; 1,50; 2; 2,50; 3; 3,50; 4; 4,50; 5; 10; 15; 20; 25; 30 und 50 Mark, zur Entrichtung der Abgabe auch gestempelte Wechselvordrucke über 0,10 Mark ausgegeben. Die Verwendung aus solchen Vordrucken entfernter Stempelzeichen wird als eine Entrichtung der Abgabe oder der weiteren Abgabe nicht angesehen.

(2) Die Marken haben die Form eines liegenden Rechtecks. Im Betrage von 0,10 bis 0,50 Mark sind sie in grüner, im Betrage von 1 bis 5 Mark in blauer Farbe hergestellt. In der linken oberen Ecke dieser Marken befindet sich ein Schild mit dem Reichsadler, von welchem sich nach rechts ein in zwei Enden auslaufendes Band mit der Inschrift „Deutscher Wechsel-Stempel" zieht. Die Marken im Betrage von 10 bis 50 Mark sind in grüner und roter Farbe hergestellt; sie sind mit dem Reichsadler und über dem letzteren sowie mehrfach am Rande mit der erwähnten In-

schrift versehen. Außer der in schwarzer Farbe hergestellten Bezeichnung des Steuerbetrages und der entsprechenden Wechselsumme enthalten sämtliche Marken den Vordruck „den“ zur Anbringung des Entwertungsvermerkes gleichfalls in schwarzer Farbe.

(3) Die Wechselvordrucke tragen einen mit Verzierungen umgebenen Stempel in grüner Farbe, welcher, abgesehen von dem fehlenden Vordruck für den Entwertungsvermerk, dem Muster der Wechselstempelmarken entspricht.

§ 4.

Der Vertrieb der Wechselstempelmarken und gestempelten Vordrucke erfolgt durch die Postanstalten. Wechselstempelmarken zum Werte von 10, 20 und 30 Pfennig werden bei allen Postämtern und bei denjenigen sonstigen Poststellen, bei welchen sich ein Bedürfnis herausstellt, verkauft. Die Verkaufsstellen für Wechselstempelmarken von höherem Werte und für gestempelte Vordrucke werden nach den örtlichen Verhältnissen bestimmt und zur öffentlichen Kenntnis gebracht. Ausschreibung der Gen.-Direk. der Posten vom 20. März 1901 „Wechselstempelmarken zu 10, 20 und 30 ₰ werden bei allen Postämtern und und den Zweiganstalten verkauft. Die Verkaufsstellen für Marken von höherem Werte bestimmt die Oberpostdirektion.“

Entwertung der Marken.

§ 5.

(1) Die Marken sind auf der Rückseite der Urkunde und zwar, wenn diese noch unbeschrieben und mit Wertzeichen noch nicht beklebt ist, unmittelbar an einem Rande dieser Seite, andernfalls unmittelbar unter dem letzten Vermerk (Indossament usw.), oder, sofern ein solcher nicht vorhanden ist, unmittelbar neben oder unter den bereits angebrachten Marken auf einer mit Buchstaben oder Ziffern nicht beschriebenen oder bedruckten Stelle aufzukleben.

(2) Es ist gestattet, zur Entrichtung der Abgabe oder der weiteren Abgabe mehrere, zusammen den erforderlichen Betrag darstellende, Wechselstempelmarken zu verwenden. Ferner ist es zulässig, bei Ausstellung des Wechsels auf einem gestempelten Vordrucke den an dem vollen gesetzlichen Betrage der Abgabe etwa noch fehlenden Teil durch vorschriftsmäßig auf der Rückseite zu verwendende Stempelmarken zu ergänzen.

(3) Kommen zur Entrichtung der Abgabe oder der weiteren Abgabe mehrere Marken zur Verwendung, so sind sie an dem gewählten Rande zunächst nebeneinander aufzukleben; reicht der hierzu zur Verfügung stehende Raum nicht mehr aus, so sind die weiteren Marken unmittelbar unter den bereits angebrachten aufzukleben.

§ 6.

(1) In jeder einzelnen der aufgeklebten Marken muß Tag, Monat und Jahr der Verwendung der Marke auf dem Wechsel, und zwar der Tag und das Jahr mit arabischen Ziffern, der Monat mit Buchstaben mittels deutlicher Schriftzeichen ohne jede Auskratzung, Durchstreichung oder Überschreibung an der durch den Vordruck bezeichneten Stelle niedergeschrieben werden. Auch kann der Verwendungsvermerk auf der Marke ganz oder teilweise mittels der Schreibmaschine oder durch Stempelaufdruck hergestellt werden; in diesem Falle braucht der Vermerk nicht an der durch den Vordruck bezeichneten Stelle zu stehen.

(2) Allgemein übliche und verständliche Abkürzungen der Monatsbezeichnung mit Buchstaben sowie die Weglassung der beiden ersten Zahlen der Jahresbezeichnung sind zulässig (z. B. 29. Oktober 09, 13. Sept. 13). Auch ist es gestattet, dem Verwendungsvermerke die Firma oder den Namen des Verwendenden ganz oder teilweise hinzuzufügen.

(3) Bei Verwendung eines gestempelten Wechselvordrucks bedürfen nur die etwa aufgeklebten Ergänzungsmarken, nicht auch der eingedruckte Wertstempel der Entwertung.

§ 7.

(1) Das erste inländische Indossament, welches auf die Rückseite eines Wechsels gesetzt wird, oder der erste sonstige inländische Vermerk ist — abgesehen von dem Falle der Steuerentrichtung durch Verwendung eines den ganzen gesetzlich fälligen Betrag darstellenden Wechselvordrucks — unterhalb der zur Entrichtung der Abgabe oder der weiteren Abgabe entwerteten Wechselstempelmarke niederzuschreiben, widrigenfalls die letztere dem Niederschreiber dieses Indossaments oder Vermerkes und dessen Nachmännern gegenüber als nicht verwendet gilt. Es dürfen jedoch die Vermerke „ohne Protest", „ohne Kosten" neben der Marke niedergeschrieben werden.

(2) Die Bestimmung des Abs. 1 Satz 1 findet keine Anwendung, wenn vom Ausland auf das Inland gezogene Wechsel, nachdem sie mit einer ordnungsmäßig verwendeten Wechselstempelmarke im gesetzlichen Betrage versehen worden waren, im Auslande weiterbegeben und die ausländischen Indossamente nicht unterhalb der deutschen Wechselstempelmarke niedergeschrieben worden sind.

(3) Dem inländischen Inhaber, welcher aus Versehen sein Indossament auf den Wechsel gesetzt hat, bevor er eine Marke aufgeklebt hatte, ist gestattet, vor der Weitergabe des Wechsels unter Durchstreichung dieses Indossaments die erforderlichen Marken unter dem letzteren aufzukleben.

§ 8.

Die Bestimmung des § 15 des Gesetzes, wonach nicht in der vorgeschriebenen Weise verwendete Stempelmarken als nicht verwendet anzusehen sind, soll nicht eine Doppelversteuerung zur Folge haben, sondern es soll dadurch nur der Tatbestand einer nach den §§ 18, 20 zu ahndenden Zuwiderhandlung festgestellt werden. Abgesehen von der etwa erforderlich werdenden Einleitung des Strafverfahrens bedarf es daher nur einer nachträglichen Entwertung der Stempelmarke durch Aufdruck des Amtsstempels der Steuerbehörde, falls der Wechsel vorliegt oder ohne weiteres zu erlangen ist. Dasselbe gilt für den Fall, daß die Marke an unrichtiger Stelle aufgeklebt ist. Die Beibringung neuer Stempelmarken ist nur dann zu fordern, wenn eine Entwertung überhaupt unterblieben und der Wechsel nicht ohne weiteres zu erlangen ist, oder wenn aus der unrichtigen Art der Entwertung der Stempelmarken, z. B. aus der unrichtigen Zeitangabe, die Möglichkeit sich ergibt, daß die Marken schon früher zu einem anderen Wechsel gebraucht worden sind. Doch steht es in jedem Falle der unrichtigen Entwertung einer Marke dem späteren Inhaber des Wechsels frei, um sich und seine Nachmänner vor den Folgen dieser Entwertung zu schützen, eine neue Marke vorschriftsmäßig zu verwenden.

Zu § 17 und § 30 Abs. 2 des Gesetzes.

Abgabenerstattung.

§ 9.

(1) Die Klage wegen Zurückzahlung zu Unrecht entrichteten Wechselstempels ist gegen den Fiskus des Bundesstaats zu richten, von dessen Steuerbehörde die Abgabe oder die weitere Abgabe beigetrieben oder gegenüber dessen Steuerbehörde der Vorbehalt bei der Zahlung erklärt worden ist.

(2) Zur Vertretung des Fiskus im Rechtsstreit ist, soweit landesgesetzlich nichts anderes bestimmt ist, die Steuerdirektivbehörde berufen.

§ 10.

(1) Die Erstattung der weiteren Abgabe auf Grund des § 3 Abs. 3 des Gesetzes erfolgt auf Antrag durch die für den Wohnort des Antragstellers zuständige

Steuerbehörde. Dem Erstattungsantrag ist nur stattzugeben, wenn er innerhalb eines Jahres vom Zeitpunkte der Eintragung der Geldsumme ab gestellt worden ist.

(2) Über Anträge auf Erstattung zu Unrecht entrichteten Wechselstempels im Verwaltungsweg entscheidet die Steuerdirektivbehörde. Dem Erstattungsantrag ist nur stattzugeben, wenn er innerhalb eines Jahres vom Zeitpunkte der Stempelverwendung oder der Zahlung oder Beitreibung der Abgabe oder der weiteren Abgabe ab gestellt worden ist.

§ 11.

Den Bundesregierungen werden die auf Grund des § 3 Abs. 3 des Gesetzes erfolgten Herauszahlungen sowie die Herauszahlungen für zu Unrecht entrichteten Wechselstempel aus der Reichskasse erstattet.

§ 12.

Für verdorbene Stempelmarken oder Vordrucke und für Marken, mit welchen demnächst verdorbene Schriftstücke versehen sind, kann Erstattung beansprucht werden, wenn der Schaden mindestens eine Mark beträgt und wenn von den Stempelzeichen oder den Schriftstücken, zu welchen sie verwendet sind, noch kein oder doch kein solcher Gebrauch gemacht worden ist, demgegenüber durch die Erstattung das Steuerinteresse gefährdet erscheint. Es genügt, wenn der Wert der gleichzeitig zur Erstattung vorgelegten Stempelzeichen zusammen eine Mark beträgt, und es kommt nicht darauf an, ob die Beschädigung der einzelnen Stempelzeichen durch ein und dasselbe Ereignis veranlaßt oder auf verschiedene, voneinander unabhängige Versehen oder Zufälle zurückzuführen ist.

§ 13.

(1) Der Erstattungsanspruch ist bei der Postanstalt des Bezirkes innerhalb eines Monats, nachdem der Schaden dem Berechtigten bekannt geworden ist, unter Beifügung der verdorbenen Stempelzeichen und Schriftstücke anzumelden. Über die

Anträge entscheidet, falls sie einem Postamt erster oder zweiter Klasse unterbreitet sind, der Postamtsvorsteher. In zweifelhaften Fällen sowie allgemein seitens der übrigen Postanstalten ist die Entscheidung der der Postanstalt vorgesetzten Behörde (im Reichs-Postgebiet und in Bayern der Ober-Postdirektionen, in Württemberg der Generaldirektion der Posten und Telegraphen) einzuholen.

(2) Die Frist zur Geltendmachung des Erstattungsanspruchs ist auch dann als gewahrt anzusehen, wenn die Erstattung bei einer nicht zuständigen Postanstalt oder einer Steuerstelle beantragt worden ist. Die Amtsstellen haben in diesem Falle den Antrag der zuständigen Behörde (Abs. 1 Satz 1) zur Entscheidung vorzulegen.

§ 14.

(1) Eine bare Zurückzahlung der entrichteten Abgabe findet in den Fällen des § 12 nicht statt; die Erstattung erfolgt vielmehr im Wege des Umtausches, und zwar werden in der Regel für verdorbene Vordrucke Vordrucke, für verdorbene Marken Marken abgabefrei verabfolgt. Den Wünschen des Antragstellers hinsichtlich des Betrags der einzelnen Stücke ist tunlichst Rechnung zu tragen.

(2) Die verdorbenen Stempelzeichen sind in Gegenwart von zwei Beamten zu vernichten.

Zu § 27 des Gesetzes.

Steuerfreiheit der Platzanweisungen.

§ 15.

Als e i n Platz im Sinne des § 27 Abs. 3, 4 des Gesetzes gelten:

1. diejenigen Orte, die nach Bestimmung des Bundesrats als benachbart im Sinne der Vorschriften des Artikel 91 a Abs. 1 der Wechsel-

ordnung sowie des § 16 Abs. 2 und des § 30 Abs. 2 des Scheckgesetzes anzusehen sind*),

2. außerdem folgende Nachbarorte:
Berlin und die im Postverkehr als dessen Nachbarorte geltenden Ortschaften, auch soweit sie nicht zu den in Ziffer 1 bezeichneten Orten gehören;
Holzminden, Altendorf, Allersheim;
Mannheim, Ludwigshafen, Rheinau;
Wolfenbüttel, Thiede, Wittmar, Hedwigsburg.

*) Vgl. S. 21. Bekanntmachung vom 9. Januar 1909 (Reichs-Gesetzbl. S. 249 ff.)

Schlußbestimmungen.

§ 16.

Diese Bestimmungen treten mit dem 1. August 1909 in Kraft.

Eine zur Entrichtung der weiteren Abgabe verwendete Wechselstempelmarke gilt nicht deshalb als nicht verwendet, weil die Verwendung vor dem 1. August 1909 erfolgt ist.

§ 17.

Der Reichskanzler ist ermächtigt, wegen der Anfertigung und des Vertriebs der Stempelmarken und gestempelten Vordrucke sowie wegen der Bedingungen unter welchen für verdorbene Stempelzeichen Erstattung zulässig ist, anderweite Anordnungen zu erlassen.

Anm. Bezüglich der Befreiungen auf Grund Privatrechtstitel vgl. Ziff. IV der Bekanntmachung vom 23. März 1873. FMBl. S. 176 JMBl. 167. Eine Befreiung besteht nicht mehr, jedoch werden die entrichteten Beträge aus der Reichskasse vergütet auf Grund 1/4jährlicher Anmeldungen beim Reichskanzleramt.

Verzeichnis der benachbarten Orte

gemäß § 15 Nr. 1 der Ausführungsbestimmungen (S. 20).

(Bekanntmachung vom 9. Jan. 1909 [Reichs-Gesetzbl. S. 249.])

Preußen.

Provinz Ostpreußen.

1. Memel, Landgemeinden Bommelsvitte, Schmelz, Gutsbezirk Janischken.
2. Tilsit, Landgemeinden Kallkappen Karlberg, Splitter, Stolbeck, Tilsit-Preußen.
3. Landgemeinden Cyntionischken, Szibben, Gutsbezirk Adlig Heydekrug, Marktflecken Heydekrug.

Provinz Westpreußen.

4. Danzig, Landgemeinden Emaus (Kreis Danzigerhöhe), Ohra, Schellmühl.
5. Graudenz, Gutsbezirk Feste Courbière.
6. Marienburg, Landgemeinden Hoppenbruch, Sandhof, Schloß Kalthof.
7. Marienwerder (Stadt), Landgemeinden Mareese, Marienau, Schäferei.
8. Thorn, Landgemeinde Podgorz.

Provinz Brandenburg, Stadtkreis Berlin.

9. Berlin, Charlottenburg, Deutsch Wilmersdorf Lichtenberg (Stadt), Rixdorf, Schöneberg, Landgemeinden Boxhagen-Rummelsburg, Friedenau Grunewald, Pankow, Reinickendorf, Schmar-

gendorf, Hohen Schönhausen, Nieder Schönhausen, Steglitz, Stralau, Treptow, Weißensee, Gutsbezirk Plötzensee.

10. Brandenburg, Landgemeinde Dom Brandenburg, Gutsbezirk Burg Brandenburg.
11. Frankfurt a. d. Oder, Landgemeinde Tzschetzschnow.
12. Jüterbog, Landgemeinden Damm, Neumarkt.
13. Landgemeinden Mariendorf, Steglitz.
14. Potsdam (Stadt), Landgemeinde Nowawes.
15. Landgemeinden Rinickendorf, Tegel.

Provinz Posen.

16. Bromberg, Landgemeinden Bleichfelde, Groß-Bartelsee, Klein-Bartelsee, Neu-Beelitz (Landkreis Bromberg, Jägerhof (Landkreis Bromberg), Prinzenthal, Schleusenau, Schöndorf (Landkreis Bromberg), Schröttersdorf, Schwedenhöhe.

Provinz Schlesien.

17. Landgemeinden Altwasser (Kreis Waldenburg), Ober-Salzbrunn, Weißstein, Gutsbezirk Altwasser (Kreis Waldenburg).
18. Beuthen i. Oberschlesien, Landgemeinde und Gutsbezirk Roßberg.
19. Landgemeinden Bismarckhütte, Schwientochlowitz, Gutsbezirk Schwientochlowitz.
20. Landgemeinden Blumenau (Ober-Tannhausen), Erlenbusch (Nieder-Tannhausen), Tannhausen (Mittel-Tannhausen), Gutsbezirk Tannhausen (sämtlich Kreis Waldenburg).
21. Breslau, Landgemeinden Gräbschen, Krietern, Gutsbezirk Gräbschen.
22. Landgemeinden Deutsch Piekar, Scharley.
23. Landgemeinden Donnerau, Neu Wüstegiersdorf, Nieder Wüstegiersdorf, Ober Wüstegiersdorf.

24. Landgemeinden Eichenau, Rodzin, Schoppinitz.
25. Landgemeinden Fellhammer, Nieder Hermsdorf (Kreis Waldenburg).
26. Freiburg i. Schlesien, Landgemeinde Polsnitz (Kreis Waldenburg).
27. Friedland (Kreis Waldenburg), Landgemeinde Schmidtsdorf.
28. Landgemeinde Gnadenfrei, Amtsbezirke Mittel Peilau, Nieder Peilau Schlössel, Ober Peilau I, Ober Peilau II.
29. Landgemeinden Gompersdorf, Schreckendorf, Seitenberg, Gutsbezirk Seitenberg.
30. Hirschberg, Landgemeinde Kunnersdorf im Riesengebirge.
31. Kattowitz, Landgemeinden Bogutschütz, Zalenze, Gutsbezirke Schloß Kattowitz, Zalenze.
32. Königshütte (Stadt), Landgemeinden Chorzow, Neu Heiduk, Gutsbezirk Chorzow.
33. Landeck, Landgemeinde Niederthalheim.
34. Landeshut (Stadt), Landgemeinde Ober Leppersdorf.
35. Landgemeinden Laurahütte (Kreis Kattowitz), Siemianowitz, Gutsbezirk Siemianowitz.
36. Leobschütz, Landgemeinde Taumlitz.
37. Neusalz a. d. Oder, Landgemeinde Alttschau.
38. Oppeln, Landgemeinde und Gutsbezirk Kgl. Neudorf.
39. Landgemeinden Peterswaldau (Kreis Reichenbach), Steinkunzendorf, Gutsbezirke Peterswaldau (Kreis Reichenbach), Steinkunzendorf.
40. Ratibor (Stadt), Landgemeinden Ostrog, Plania.
41. Reichenbach, Landgemeinde und Gutsbezirk Neudorf (Kreis Reichenbach).
42. Schweidnitz, Landgemeinde Croischwitz (Kreis Schweidnitz).
43. Striegau, Landgemeinde Gräben (Kreis Striegau).

44. Waldenburg, Landgemeinde und Gutsbezirk Ober Waldenburg.
45. Zabrze, Landgemeinde und Gutsbezirk Zaborze.

Provinz Sachsen.

46. Landgemeinden Althaldensleben, Neuhaldensleben.
47. Genthin, Landgemeinde Altenplathow.
48. Groß Salze, Schönebeck, Landgemeinde Frohse.
49. Halberstadt, Landgemeinde Wehrstedt (Landkreis Halberstadt).
50. Halle a. d. Saale, Landgemeinden Böllberg, Büschdorf, Diemitz.
51. Magdeburg, Landgemeinden Diesdorf (Kreis Wanzleben), Fermersleben, Krakau (Kreis Jerichow I), Olvenstedt, Groß Ottersleben, Klein Ottersleben.
52. Landgemeinden Salbke, Westerhüsen.
53. Staßfurt, Landgemeinde Leopoldshall (Anhalt.)
54. Landgemeinde Stützerbach (Preußen), Gemeinde Stützerbach (Sachsen Weimar).
55. Landgemeinde Suderode (Kreis Aschersleben), Gernrode (Anhalt).
56. Wernigerode, Landgemeinde Nöschenrode, Gutsbezirk Schloß Wernigerode.

Provinz Schleswig-Holstein.

57. Altona, Wandsbek, Landgemeinden Blankenese, Dockenhuden, Klein Flottbek, Nienstetten, Stellingen-Langenfelde, Freie und Hansastadt Hamburg, hamburgische Landgemeinden Alsterdorf-Billwärder a. d. Bille, Groß-Borstel, Klein, Borstel, Fuhlsbüttel, Langenhorn, Moorfleth, Ohlsdorf.
58. Eckernförde, Landgemeinde Borby.
59. Hadersleben (Stadt), Landgemeinden Alt Hadersleben, Ladegaard I, Süder Otting.

60. Kiel, Landgemeinden Gaarden (Kreis Bordesholm), Hassee.
61. Landgemeinde Sande (Kreis Stormarn), Bergedorf (Hamburg).

Provinz Hannover.

62. Landgemeinden Aumund, Fähr, Grohn, bremische Stadt Vegesack.
63. Landgemeinden Beckedorf (Kreis Blumenthal), Blumenthal, Farge, Rekum, Neu Rönnebeck, Hammersbeck.
64. Landgemeinden Burgdamm, Lesum.
65. Celle, Landgemeinden Klein Hehlen, Westercelle.
66. Clausthal (Stadt), Zellerfeld (Stadt).
67. Emden, Landgemeinde Wolthusen.
68. Geestemünde, Lehe, Landgemeinde Wulsdorf, Bremerhaven (Bremen).
69. Hannover, Linden i. Hannover, Landgemeinden Limmer, Ricklingen.
70. Landgemeinde Hemelingen, Landgemeinde Horn (Bremen).
71. Hildesheim, Landgemeinden Himmelsthür, Moritzberg.
72. Lüneburg, Landgemeinden Hagen (Landkreis Lüneburg), Lüne.
73. Osnabrück, Landgemeinden Haste (Landkreis Osnabrück), Lüstringen, Schinkel (Landkreis Osnabrück),)
74. Stade, Landgemeinde Kampe (Kreis Stade).
75. Wilhelmshaven, Heppens (Oldenburg), Landgemeinden Bant und Neuende (Oldenburg).

Provinz Westfalen.

76. Bochum, Landgemeinden Altenbochum, Riemke.
77. Castrop, Landgemeinde Rauxel.
78. Dortmund, Hörde.
79. Dortmund, Landgemeinde Eving.
80. Landgemeinden Eickel (Landkreis Gelsenkirchen), Holsterhausen, Wanne.

81. Landgemeinden Eppendorf, Weitmar.
82. Gelsenkirchen, Wattenscheid.
83. Gevelsberg, Haspe.
84. Hamm, Landgemeinde Mark.
85. Hattingen, Landgemeinden Welper, Winz.
86. Hörde, Landgemeinde Berghofen (Kreis Hörde).
87. Landgemeinden Langendreer, Werne (Landkreis Bochum).
88. Landgemeinden Lütgendortmund, Somborn.
89. Neheim, Landgemeinde Hüsten.
90. Recklinghausen, Landgemeinden Herten, Recklinghausen.
91. Wattenscheid, Landgemeinden Günnigfeld, Westenfeld (Landkreis Gelsenkirchen).
92. Witten, Landgemeinde Heven.

Provinz Hessen-Nassau.

93. Allendorf a. d. Werra (Stadt), Sooden.
94. Cassel, Landgemeinde Harleshausen.
95. Cassel, Landgemeinden Ihringshausen, Wolfsanger.
96. Cassel, Landgemeinde Nieder Zwehren.
97. Frankfurt a. Main, Landgemeinden Eckenheim, Eschersheim, Ginnheim.
98. Frankfurt a. Main, Landgemeinde Schwanheim.
99. Landgemeinden Grenzhausen, Höhr.
100. Landgemeinde Herrenbreitungen, meiningische Gemeinden Altenbreitungen, Frauenbreitungen.
101. Höchst a. Main, Landgemeinde Unter Liederbach.
102. Homburg v. d. Höhe, Landgemeinden Dornholzhausen, Gonzenheim.
103. Landgemeinde Klein Schmalkalden (Preußen), Gemeinde Klein Schmalkalden (Sachsen-Coburg und Gotha).
104. Wiesbaden, Biebrich, Landgemeinden Amöneburg, Bierstadt, Dotzheim, Sonnenberg (Landkreis Wiesbaden).

Provinz Rheinland.

105. Barmen, Elberfeld.
106. Barmen, Landgemeinde Langerfeld (Kreis Schwelm).
107. Bonn, Landgemeinde Friesdorf (Landkreis Bonn).
108. Coblenz, Landgemeinde Metternich.
109. Cöln, Kalk.
110. Crefeld, Landgemeinden Fischeln, Hüls.
111. Stadt und Landgemeinde Dülken.
112. Düren, Landgemeinde Gürzenich.
113. Duisburg, Landgemeinde Hamborn.
114. Elberfeld, Landgemeinde Vohwinkel.
115. Gräfrath, Höhscheid, Ohligs, Solingen, Wald.
116. Hückeswagen, Landgemeinde Neu Hückeswagen.
117. Malstatt-Burbach, Saarbrücken, Sankt Johann a. Saar, Landgemeinden Brebach, Gersweiler.
118. Stadt und Landgemeinde München-Gladbach.
119. Neunkirchen, Landgemeinde Niederneunkirchen.
120. Landgemeinde Rilchingen-Hanweiler, Saargemünd (Elsaß-Lothringen), Landgemeinde Neunkirchen (Elsaß-Lothringen).
121. Steele, Landgemeinde Königssteele (Kreis Hattingen).
122. Stolberg (Landkreis Aachen), Landgemeinden Büsbach, Eilendorf.
123. Trier, Landgemeinden Euren, Heiligkreuz (Landkreis Trier), Kürenz, Sankt Mathias-Medard-Feyen, Olewig, Pallien.

Bayern.

124. Augsburg, Göggingen, Oberhausen, Pfersee.
125. Stadt und Bad Brückenau.
126. Deggendorf, Schaching.
127. Bad Dürkheim, Grethen.
128. Freilassing, Salzburghofen.
129. Freyung, Bannholz, Buchbergmühle, Ortmühle.

130. Garmisch, Partenkirchen.
131. Georgensgmünd, Friedrichsgmünd.
132. Haidhäuser (Gemeinde Frauenberg), Haidmühle (Gemeinde Leopoldsreut).
133. Hartmannshof, Hunas.
134. Hersbruck, Altensittenbach.
135. Homburg, Erbach, Reiskirchen.
136. Lindau, Aeschach, Reutin.
137. Marktbreit, Segnitz.
138. München, Freimann, Milbertshofen.
139. Neudeutenbach, Stein a. R.
140. Neu-Ulm, Ulm (Württemberg).
141. Nürnberg, Fürth.
142. Pasing, Obermenzing.
143. Passau, Beiderwies, Grubweg, Hacklberg, Heidenhof.
144. Pfronten, Berg, Steinach.
145. Regen, Heiligengeist.
146. Regensburg, Stadtamhof, Reinhausen, Steinweg.
147. Bad Reichenhall, Kirchberg.
148. Schillingsfürst, Frankenheim.
149. Schweinfurt, Oberndorf.
150. Traunstein, Au, Wegscheid.
151. Würzburg, Heidingsfeld, Zell a. M.

Sachsen.

152. Annaberg, Buchholz.
153. Aue, Auerhammer.
154. Auerbach, Mühlgrün, Rodewisch.
155. Bautzen, Seidau, Strehla.
156. Chemnitz, Borna (Bez. Chemnitz), Ebersdorf, Furth, Glösa, Harthau, Helbersdorf, Niederhermersdorf, Rottluff, Schönau.
157. Crimmitschau, Frankenhausen, Naundorf, Neukirchen, Schiedel, Schweinsburg.
158. Deuben, Coßmannsdorf, Döhlen, Hainsberg, Niederhäslich, Potschappel.

159. Döbeln, Kleinbauchlitz.
160. Dresden, Blasewitz, Briesnitz, Bühlau, Coschütz, Döltzschen, Gorbitz, Kemnitz, Leubnitz-Neuostra, Loschwitz, Radebeul, Reick, Rochwitz, Stetzsch, Tolkewitz, Weißer Hirsch.
161. Heidenau, Mügeln.
162. Kirchberg, Saupersdorf.
163. Klingenthal, Brunndöbra, Georgenthal, Obersachsenberg, Oberzwota, Untersachsenberg, Zwota
164. Leipzig, Abtnaundorf, Barneck, Böhlitz-Ehrenberg, Dölitz, Gaschwitz, Gautzsch, Großstädteln, Großzschocher-Windorf, Leutzsch, Mockau, Möckern, Mölkau, Oetzsch, Paunsdorf, Raschwitz, Schönefeld, Stahmeln, Stötteritz, Stünz, Wahren.
165. Leuben, Großschachwitz, Kleinschachwitz, Laubegast, Niedersedlitz, Tolkewitz.
166. Limbach i. S., Kändler (Bezirk Chemnitz), Mittelfrohna, Oberfrohna, Pleißa, Röhrsdorf.
167. Mittweida, Altmittweida.
168. Mylau, Netzschkau, Obermylau.
169. Neusalza, Spremberg.
170. Ölsnitz, Lauterbach, Raschau, Voigtsberg.
171. Pirna, Copitz.
172. Radebeul, Kötzschenbroda, Niederlößnitz, Oberlößnitz.
173. Riesa, Gröba, Weida.
174. Schneeberg, Neustädtel, Niederschlema, Oberschlema.
175. Schönheide, Schönheiderhammer.
176. Werdau, Langenhessen, Leubnitz, Ruppertsgrün, Steinpleis.
177. Wilkau, Cainsdorf, Friedrichsgrün, Niederhaßlau, Rosenthal, Vielau.
178. Zwickau, Bockwa, Cainsdorf, Niederplanitz, Oberhohndorf, Oberplanitz, Pöhlau, Reinsdorf, Schedewitz.

Württemberg.

(Wegen Ulm zu vergleichen Nr. 140).

Baden.

179. Lahr, Dinglingen.

Hessen.

180. Auerbach, Bensheim.
181. Mainz, Bretzenheim, Kostheim, Weisenau.
182. Nieder- und Ober-Ingelheim.

Oldenburg.

(Wegen Heppens, Bant, Neuende zu vergleichen Nr. 75).

183. Idar, Oberstein.
184. Oldenburg, Osternburg.

Sachsen-Weimar.

(Wegen Stützerbach zu vergleichen Nr. 45.)

185. Jena, Wenigenjena, Lichtenhain (Sachsen-Meiningen).
186. Kranichfeld (Sachsen-Weimar), Kranichfeld (Sachsen-Meiningen).
187. Ruhla (Sachsen-Weimar), Ruhla (Sachsen-Coburg und Gotha).

Braunschweig.

188. Braunschweig, Ölper, Gliesmarode.
189. Bad Harzburg, Bündheim, Schlewecke.

Sachsen-Meiningen.

(Wegen Altenbreitungen, Frauenbreitungen, Kranichfeld und Lichtenhain zu vergleichen Nr. 100, 186, 185).

190. Neustadt a. R. (Sachsen-Meiningen), Neustadt a. R. (Schwarzburg-Sondershausen).
191. Sonneberg, Bettelhecken, Oberkind.

Sachsen-Koburg und Gotha.

(Wegen Klein Schmalkalden und Ruhla zu vergleichen Nr. 103, 187).

Anhalt.

(Wegen Gernrode und Leopoldshall zu vergleichen Nr. 55, 53).

Schwarzburg-Sondershausen.

(Wegen Neustadt a. R. zu vergleichen Nr. 190).

192. Sondershausen, Bebra.

Reuß älterer Linie.

193. Greiz, Irchwitz, Pohlitz.

Reuß jüngerer Linie.

194. Gera, Debschwitz, Pforten, Untermhaus.

Lübeck.

195. Lübeck, Vorwerk.

Bremen.

(Wegen Bremerhaven, Horn und Vegesack zu vergleichen Nr. 68, 70, 62).

196. Bremen, Horn.

Hamburg.

(Wegen Bergedorf, Hamburg, Alsterdorf, Billwärder a. d. Bille, Groß-Borstel, Klein-Borstel, Fuhlsbüttel, Langenhorn, Moorfleth und Ohlsdorf zu vergleichen Nr. 61, 57).

Elsaß-Lothringen.

(Wegen Saargemünd und Neunkirchen zu vergleichen Nr. 120).

197. Algringen, Hayingen, Kneuttingen, Nilvingen.

198. Colmar, Horburg, Logelbach (Gemeinde Winzenheim).
199. Diedenhofen, Niederjeutz.
200. Diedenhofen, Terwen.
201. Forbach, Neue Glashütte (Gemeinde Stieringen-Wendel).
202. Gebweiler, Bühl (Oberelsaß).
203. Gebweiler, Isenheim.
204. Gebweiler, Sulz (Oberelsaß).
205. Metz, Bau-St. Martin, Borny, Montigny, Sablon.
206. Mühlhausen, Brunstatt, Dornach, Illzach, Riedisheim.
207. Rothau, Schirmeck, Vorbruck.
208. Straßburg, Bischheim, Hönheim, Schiltigheim.

II.

Vollzugsbestimmungen.

Königlich Allerhöchste Verordnung vom 8. Mai 1871 Regierungsbl. S. 921.

1. Insoweit die bei Zuwiderhandlungen gegen das Wechselstempelsteuergesetz zur Anwendung gelangenden Vorschriften des Zollstrafgesetzes vom 17. November 1837 und des Art. 33 des Gesetzes vom 10. November 1861, die Einführung des Strafgesetzbuches und des Polizeistrafgesetzbuches für das Königreich Bayern betreffend, in Zolldefraudationssachen eine Mitwirkung der Zollbehörden festsetzen, haben an deren Stelle in bezug auf die Wechselstempelsteuer in allen Landesteilen die Rentämter zu treten*).

Insbesondere obliegt bei Wechselstempelhinterziehungen im Falle der freiwilligen Unterwerfung des Beschuldigten unter den Strafausspruch der Verwaltungsbehörde die nach § 33 des Zollstrafgesetzes vorgeschriebene Erledigung der Strafsachen im administrativen Wege den Rentämtern. Anzeigen über wahrgenommene Wechselstempelhinterziehungen sind daher von den hierzu nach § 21 des Wechselstempelsteuergesetzes verpflichteten Behörden und Beamten an die Rentämter zu richten.

2. An die Stelle der Zollverwaltungsbehörde, welcher gemäß Art. 33 Abs. 3 des vorerwähnten

*) An Stelle der Gesetze v. 17. XI. 1837 und 10. XI. 1861 treten Art. 88 d. BAGzRStPO.

Einführungsgesetzes vom 10. November 1861 bei Zolldefraudationen vor gerichtlicher Verhandlung der Sache die Gerichtsakten zur Einsicht und Stellung etwaiger Anträge mitzuteilen sind, hat im gerichtlichen Strafverfahren wegen Wechselstempelhinterziehung zum gleichen Zwecke das betreffende Kreisfiskalat zu treten.

Die Bezeichnung der Beamten, welche außerdem den gerichtlichen Verhandlungen beizuwohnen, hierbei im Namen der Finanzverwaltung die geeigneten Anträge zu stellen und nötigenfalls die vom Gerichte verlangten Erläuterungen über die Natur und Eigentümlichkeit der in Frage stehenden Zuwiderhandlung gegen das Wechselstempelsteuergesetz zu erteilen befugt sind, steht Unseren Regierungen, Kammern der Finanzen, zu.

FME. v. 14. Juni 1871 FMBl. S. 81.

Zu § 1. Welche Wechsel und Anweisungen, Akkreditive, Schecks und Zahlungsaufträge stempelpflichtig und welche von der Stempelabgabe befreit erscheinen, ist in den §§ 1 und 24 (27) des Gesetzes bestimmt.

Nach dem Sprachgebrauche des Gesetzes in Verbindung mit § 2 des Reichsgesetzes vom 16. April 1871, betreffend die Reichsverfassung, und nachdem die Wechselstempelsteuer nunmehr auch in Hohenzollern, Württemberg, Baden und Südhessen eingeführt ist, gilt das ganze Gebiet des deutschen Reiches als Inland und werden im Gegensatze hierzu alle Orte außerhalb des Bundesgebietes als Ausland bezeichnet. In Betreff der Gebiete der einzelnen Bundesstaaten findet hiernach bezüglich des Wechselstempels kein Unterschied statt. Es ist also z. B. ein von Leipzig auf Bremen gezogener Wechsel im ganzen Bundesgebiet als ein inländischer zu behandeln und die etwa hinsichtlich desselben entdeckte Wechselstempelhinterziehung eintretendenfalles von den dazu berufenen bayerischen Behörden ebenso zu verfolgen, als wenn dieselbe bei einem Wechsel vorgekommen wäre, der von einem bayerischen Orte auf einen bayerischen Ort gezogen worden.

Wechsel, welche vom Ausland auf das Ausland gezogen sind (d. i. die sogenannten Transito-Wechsel) sind stempelfrei. Diese Stempelfreiheit ist ferner unter gewissen Beschränkungen und Bedingungen auch auf Wechsel, welche vom Inlande auf das Ausland gezogen sind, ausgedehnt. Hinsichtlich derselben ist insbesondere folgendes zu beachten:

a) die Befreiung bezieht sich überhaupt nur auf Wechsel, die auf Sicht, oder spätestens innerhalb 10 Tagen nach dem Tage der Ausstellung zahlbar sind. — Hierdurch sind alle Wechsel, deren Zahlungszeit auf eine beliebig bestimmte Frist nach Sicht, oder sonst auf einen irgend wie bestimmten späteren als den zehnten Tag nach der Ausstellung festgesetzt ist, von der Befreiung ausgeschlossen.

b) Auch jene, unter a) bezeichneten Wechsel, auf welche sich die Befreiung bezieht, sind nur unter der Bedingung steuerfrei, daß sie vom Aussteller direkt in das Ausland remittiert werden. Jede vorgängige Beteiligung einer anderen inländischen Person oder Firma hebt den Anspruch auf Befreiung von der Steuer auf und stellt den betreffenden Wechsel allen anderen stempelpflichtigen Wechseln gleich.

Entschl. d. FM. vom 14. Juni 1871. — FMBl. S. 81.

In Folge des Gesetzes vom 14. Juli 1871 (GesBl. f. Elsaß-Lothringen S. 175) ist das Wechselstempelsteuergesetz vom 10. Juni 1869 auch in Elsaß-Lothringen und zwar vom 15. August 1871 an in Kraft getreten.

Es wird hiernach darauf aufmerksam gemacht, daß nunmehr auch Elsaß-Lothringen zum „Inlande" im Sinne des Wechselstempelsteuergesetzes zu rechnen ist. (FMBl.E. 3. September 1871 FMBl. S. 171 Ziff. 2).

Zu §§ 4 bis 12 (6 bis 13). Die Haftung bezüglich der Wechselstempelabgabe ist für alle Personen, welche an dem Umlaufe eines Wechsels im Bundesgebiete Teil genommen haben, nach §§ 4, 5 und 11 (6, 7, 12) des Gesetzes eine solidarische.

Hat der Aussteller eines inländischen oder der inländische Akzeptant eines steuerpflichtigen Wechsels in bezug auf die Besteuerung seiner Verpflichtung nicht genügt, so geht dieselbe nach § 11 des Gesetzes auf den nächsten und jeden ferneren inländischen Inhaber des Wechsels über, so lange die Versteuerung nicht nachgeholt ist.

Aus der Verbindung der Vorschriften in den §§ 4, 5 und 11 (5, 6, 12) des Gesetzes ergibt sich, daß auch die späteren Inhaber für die Entrichtung des Wechselstempels ohne weiteres solidarisch haften, daß mithin der der Bundeskasse entzogene Abgabenbetrag jederzeit von dem letzten oder einem früheren Inhaber erfordert und derselbe zur Versteuerung des Wechsels angehalten werden kann, so lange diese nicht bewirkt ist.

Die Strafe der Wechselstempelhinterziehung trifft aber den späteren Inhaber nicht, wenn er die Versteuerung bewirkt, ehe er eine der im § 11 (12) bezeichneten Handlungen mit dem Wechsel vornimmt (Unterzeichnung, Indossierung, Veräußerung, Verpfändung, Aushändigung usw.). Wegen der nähern Bestimmung des Ausdruckes „Inhaber des Wechsels" wird auf den § 5 (6) des Gesetzes verwiesen. Einerseits ist über den Kreis der aus dem Wechsel selbst ersichtlichen Teilnehmer am Umlaufe hinausgegriffen, indem die Verantwortlichkeit für den Stempel und die eventuelle Strafbarkeit auf diejenigen ausgedehnt worden, welche den Wechsel erwerben, veräußern, verpfänden, als Sicherheit annehmen usw., ohne daß ihr Name oder ihre Firma auf den Wechsel gesetzt wird (z. B. Präsentation im Falle eines Blanko-Indossaments); anderseits macht die Präsentation zur Annahme allein, wenn der Präsentant nicht in anderer Weise oder in anderer Eigenschaft noch beteiligt ist, den letzteren nicht für den Stempel verantwortlich.

Wer dagegen das akzeptierte Exemplar in Verwahrung genommen hat (zur Disposition des Umlaufsexemplars oder der umlaufenden Kopie) unterliegt der Verantwortlichkeit für die Versteuerung des Wechsels nach § 12 (13) des Gesetzes.

Hinsichtlich des Zeitpunktes, bis zu welchem die Versteuerung erfolgen muß, um der Rechtzeitigkeit zu genügen (§ 15, Abs. 2 des Ges.) ist gemäß §§ 6 bis 11 (7 bis 12) des Gesetzes nachstehendes zu beachten.

a) inländische Wechsel müssen von dem Aussteller, ausländische Wechsel von dem ersten inländischen Inhaber versteuert werden und zwar vor jeder weiteren Aushändigung.

Eine Ausnahme hiervon tritt nur rücksichtlich der Versendung zum Akzept ein. Will der Aussteller des inländischen oder der erste inländische Inhaber des ausländischen Wechsels sich über dessen Annahme vergewissern, so kann er vor der Versteuerung, aber nur bevor irgend ein inländisches Indossament auf den Wechsel gesetzt wird, die Versendung zum Akzept vornehmen (§ 7 Abs. 1 des Ges. [8]). Jede andere und jede den vorstehenden Erfordernissen nicht entsprechende Disposition, bei welcher der unversteuerte Wechsel von dem Aussteller beziehungsweise dem ersten inländischen Inhaber aus den Händen gegeben wird, zieht die Strafe der Wechselstempelhinterziehung nach sich.

b) Der inländische Akzeptant eines noch nicht versteuerten Wechsels muß dessen Versteuerung bewirken, ehe er seinerseits denselben zurückgibt oder anderweit aushändigt.

Der Einwand, daß das mit der Annahme-Erklärung versehene Exemplar nicht zum Umlaufe im Bundesgebiete bestimmt sei, kommt dem Akzeptanten nur dann zustatten, wenn die Rückseite des akzeptierten Exemplars vor der Rückgabe dergestalt durchkreuzt wird, daß dadurch die weitere Benutzung desselben zum Indossieren ausgeschlossen ist (§ 7 Abs. 2 des Ges. [8]).

Auch der Einwand, daß ein Wechsel zur Zeit des Akzeptes noch nicht vollständig ausgefüllt gewesen, oder noch nicht vom Aussteller vollzogen oder sonst mangelhaft gewesen sei, ist durch § 16 (19) des Gesetzes ausgeschlossen.

Nach den Vorschriften in den §§ 8—10 (9—11) des Gesetzes bewendet es bei der Regel, daß die Stempelabgabe von den in mehreren Exemplaren ausgefertigten Wechseln nur einmal und zwar von demjenigen Exemplar zu entrichten ist, welches zum Umlaufe bestimmt ist. Die Steuerfreiheit der Duplikate und der Wechselkopien ist jedoch ausgeschlossen:

a) wenn sich auf denselben eine Wechselerklärung — mit Ausnahme des Akzeptes und der Notadressen — befindet, die nicht auch auf ein nach Vorschrift des Gesetzes versteuertes Exemplar gesetzt ist. Unter dem der allgemeinen deutschen Wechselordnung geläufigen Ausdrucke „Wechselerklärung" ist jede Erklärung zu verstehen, welche wechselmäßig verpflichtet, z. B. Indossament, Bürgschaft (vgl. Art. 85, 94 und ff. der Wechselordnung) die Annahme-Erklärung ist hiervon ausgenommen, weil hinsichtlich derselben in § 7 (2. Absatz) (8) die erforderliche besondere Bestimmung enthalten ist. Zugleich sind auch Notadressen als Ausnahme genannt, um jeden Zweifel hierüber auszuschließen, obwohl diese streng genommen überhaupt nicht als Wechselerklärungen zu bezeichnen sind.

Hiernach ist z. B., wenn der Originalwechsel zum Akzept versandt und eine Kopie desselben zum Indossieren benutzt wird, die letztere zu versteuern, auch wenn von dem Originalwechsel die Steuer bereits entrichtet war. Desgleichen ist, falls mehrere Exemplare desselben Wechsels an verschiedene Personen indossiert werden sollten (Art. 67 Nr. 1 der Wechselordnung), jedes dieser Exemplare steuerpflichtig. Ferner muß ein nicht zum Umlauf bestimmtes Exemplar, wenn auf demselben eine nicht auf das Umlaufs-Exemplar gesetzte Bürgschafts-Erklärung abgegeben werden sollte, versteuert werden und dasselbe gilt, falls ein Duplikat des Wechsels, nachdem das ursprünglich zum Umlauf bestimmte Exemplar verloren oder in unrechte Hände gekommen sein sollte, zur weiteren Übertragung benutzt wird usw. Der Zeitpunkt, bis zu welchem die Versteuerung in Fällen der vorerwähnten Art bewirkt werden muß, um dem Erfordernis der Rechtzeitigkeit zu genügen, ist im § 9 (10) im ersten Absatz des Gesetzes bestimmt.

b) Die Steuerpflichtigkeit eines Duplikates tritt außerdem dann ein, wenn dasselbe ohne Auslieferung eines versteuerten Exemplares — letzteres mag verloren oder in unrechte Hände gegangen sein usw. — bezahlt oder Mangels Zahlung protestiert wird (§ 9 Abs. 2 des Ges. [10]).

Zu § 15 (18). Nach der Ausdrucksweise des Gesetzes werden die Stempeldefraudationen und Stempelkontraventionen Wechsel-Stempelhinterziehungen genannt.

Das Strafverfahren wegen Wechselstempelhinterziehung kann dadurch veranlaßt sein, daß ein steuerpflichtiger Wechsel oder eine steuerpflichtige Anweisung, oder ein diesen gleichgestelltes Papier entweder

a) überhaupt nicht, oder
b) mit einem geringeren als dem gesetzlich erforderlichen Abgabenbetrage, oder
c) nicht rechtzeitig

versteuert ist.

Ist von einem Wechsel ein geringerer als der erforderliche Stempelbetrag entrichtet, so ist die Wechselstempelhinterziehung nur hinsichtlich des noch fehlenden Betrages zu verfolgen (§ 15 des Gesetzes). Jedem späteren Inhaber eines nicht vollständig versteuerten Wechsels ist gestattet, die von seinen Vordermännern zu wenig entrichtete Steuer durch Kassierung der den fehlenden Betrag darstellenden Bundesstempelmarken nachzuentrichten, und dadurch sich und etwaige spätere Hintermänner vor den Folgen der Hinterziehung zu schützen. Auf die von den Vordermännern verwirkte Strafe hat dies jedoch keinen Einfluß (§ 11 a. E. des Ges. [12]).

Zu § 19 jetzt 16. Hat aus irgend einem Anlasse zu einem Wechsel und dgl. bezüglich des Wechselstempelbetrages eine Nachholung stattzufinden, so muß letztere ohne Ausnahme durch Verwendung (Kassierung) von Wechselstempelmarken oder Blanketts erfolgen, welche mit dem nachgeholten Steuerbetrage anzukaufen sind. EME. 14. Juni 1871 S. 89.

Zu §§ 20 und 21 (25—26). Aus Anlaß der besonderen Verpflichtungen, welche nach § 21 des Gesetzes den Gerichten, Notaren, Wechselnotaren und Gerichtsvollziehern in Beziehung auf die Prüfung der Besteuerung der ihnen vorkommenden Wechsel und Anweisungen auferlegt worden sind, hat das Kgl. Staatsministerium der Justiz eine im Justizministerialblatte Nr. XVI S. 111 (und unten folgend) abgedruckte Entschließung vom 6. Juni 1871 Nr. 6781 erlassen, auf welche zur geeigneten Wahrnehmung hiermit verwiesen wird.

Die Königlichen Regierungen, Kammern der Finanzen, haben die mit der örtlichen Prüfung der Tax- und Gebührenbewertung bei den Gerichten, Notaren und Gerichtsvollziehern betrauten Kommissäre anzuweisen, den Vollzug der in § 21 (26) des Wechselstempelsteuergesetzes gegebenen Vorschriften genauest zu überwachen, und etwa wahrgenommene Zuwiderhandlungen gegen diese Vorschriften in den betreffenden Befundprotokollen behufs weiterer Maßnahme zu konstatieren. Insoweit die Rentämter bei Anwendung des Wechselstempelsteuergesetzes inbezug auf die strafrechtliche Verfolgung auf Zweifel und Anstände stoßen, können sie sich zunächst mit dem betreffenden Staatsanwalt ins Benehmen setzen, worüber von Seite des K. StMdJ. Anweisung an die Staatsanwälte ergehen wird (vgl. JBE. 22. VII. 71 JMBl. 138, FMBl. S. 184).

Staatsministerium der Justiz. In Gemäßheit des § 4 des Reichsgesetzes vom 22. April 1871, betreffend die Einführung Norddeutscher Bundesgesetze in Bayern, tritt mit dem 1. Juli lfd. Jrs. das Norddeutsche Gesetz über die Wechselstempelsteuer vom 10. Juni 1869 auch für das Königreich Bayern in Kraft.

Das unterfertigte Kgl. Staatsministerium sieht sich hierdurch veranlaßt, im Anschlusse an die Allerhöchste Verordnung vom 8. Mai lfd. Jrs. (RegBl. S. 921: JustizMBl. S. 103) nach vorgängigem Benehmen und im Einverständnisse mit dem Kgl. Staatsministerium der Finanzen Nachstehendes zur Danachachtung bekannt zu geben.

1. Schon nach § 20 (25) des Gesetzes über die Wechselstempelsteuer vom 10. Juni 1869 haben insbesondere auch die Gerichte, Notare und Gerichtsvollzieher alle

diejenigen Verpflichtungen, welche ihnen nach den in Bayern geltenden Stempelgesetzen in bezug auf die gewöhnlichen Stempelabgaben obliegen, hinsichtlich der Bundesstempelabgabe gleichfalls wahrzunehmen. Außerdem ist aber im § 21 (26) des Bundesgesetzes vom 10. Juni 1869 allen denjenigen Staatsbehörden und Beamten, welchen eine richterliche oder Polizeigewalt anvertraut ist, sowie den Notaren und anderen Beamten, welche Wechselproteste ausfertigen, noch besonders die Verpflichtung auferlegt, die Besteuerung der bei ihnen vorkommenden Wechsel und der denselben nach § 24 (27) des Bundesgesetzes gleichgestellten Papiere von Amts wegen zu prüfen und die zu ihrer Kenntnis kommenden Zuwiderhandlungen gegen dieses Gesetz bei der zuständigen Behörde zur Anzeige zu bringen.

Da die Außerachtlassung dieser Amtsverpflichtungen Einschreitungen mit Disziplinar- oder Ordnungsstrafen nach sich ziehen müßte, so werden hiermit sämtliche beteiligte Stellen, Behörden und Beamte des Justizresorts noch besonders auf die vorgedachten gesetzlichen Obliegenheiten zur sorgfältigsten Erfüllung aufmerksam gemacht.

2. Nach § 21 (26) des Bundesgesetzes vom 10. Juni 1869 sind die Notare (Wechselnotare) und Gerichtsvollzieher, welche gemäß Art. 10 des Einführungsgesetzes zur Zivilprozeßordnung vom 29. April 1869 zur Aufnahme von Wechselprotesten berufen sind, zugleich verbunden, in dem Proteste ausdrücklich zu bemerken, mit welchem Stempel die protestierte Urkunde versehen, oder daß sie mit einem Bundesstempel nicht versehen ist. Diese Vormerkung ist gleich dem ganzen übrigen Inhalte der Protesturkunde und der in dieselbe aufzunehmenden Wechselabschrift in das Protestregister mit zu übertragen, welches die Notare und Gerichtsvollzieher gemäß Art. 90 (vgl. mit Art. 88) der Wechselordnung, Art. 79

des Notariatsgesetzes vom 10. November 1861 und § 30 der Gerichtsvollziehergebührenordnung vom 13. Mai 1870 zu führen haben.

3. Nach Ziff. 1 der bereits erwähnten Allerhöchsten Verordnung vom 8. Mai 1871 sind Anzeigen über wahrgenommene Wechselstempelhinterziehungen von den hierzu nach § 21 des Wechselstempelsteuergesetzes verpflichteten Behörden und Beamten an die Rentämter zu richten, welchen dann die Einleitung des weiteren gesetzlichen Verfahrens obliegt.

Diese Anzeige haben die Gerichte, Notare (Wechselnotare) und Gerichtsvollzieher in allen Fällen, in welchen sie innerhalb ihrer Amtstätigkeit, insbesondere in Prozeßsachen, bei Verlassenschaftsbehandlungen, bei Protesterhebungen usw. wahrnehmen, daß ein Wechsel den einschlägigen Vorschriften zuwider entweder gar nicht, oder nicht genügend oder zu spät oder nicht in der vorgeschriebenen Weise mit dem Stempel versehen worden ist, an dasjenige Rentamt zu erstatten, in dessen Amtssprengel ihr eigener Amtssitz liegt.

4. Behufs Feststellung des Tatbestandes einer Wechselstempelhinterziehung ist es nötig, dem betreffenden Rentamte mit der Anzeige entweder das Original des fraglichen Wechsels bezw. des demselben gleichgeachteten Papiers oder eine beglaubigte Abschrift desselben mitzuteilen. Auf die Übermittlung einer beglaubigten Abschrift ist sich immer dann zu beschränken, wenn es mit Unzukömmlichkeiten verknüpft wäre, den Umlauf des Wechsels usw. zu unterbrechen, oder wenn dieses Schriftstück der anzeigenden Behörde selbst für anderweitige Amtshandlungen nicht entbehrlich ist. Die beglaubigte Abschrift hat sich auf alle dem Wechsel usw. beigefügten Indossamente, Erklärungen und Bemerkungen zu erstrecken. Außerdem ist mit derselben zugleich eine amtliche Konstatierung des gänzlichen oder teilweisen Stempelmangels, bezw. der Art,

Zeit und Stelle, in und an welcher die Stempelnachholung stattfand, oder der wahrgenommenen Vorschriftswidrigkeiten in der Art der Stempelverwendung zu verbinden. Diese beglaubigten Abschriften und Konstatierungen sind tax- und stempelfrei.

München, den 6. Juni 1871. FMBl. S. 119.

Bekanntmachung des Staatsministeriums der Finanzen vom 30. September 1871 (FMBl. 1871 S. 188).

Es wird bekanntgegeben, daß nach Entschließung des Kgl. Staatsministeriums des Innern vom 17. September l. Jrs. Nr. 10341 die sämtlichen Polizeibehörden auf ihre nach § 21 (26) des Wechselstempelsteuergesetzes vom 10. Juni 1869 bestehende Verpflichtung besonders hingewiesen worden sind, die Besteuerung der bei ihnen vorkommenden Wechsel und Anweisungen von Amts wegen zu prüfen und die zu ihrer Kenntnis kommenden Zuwiderhandlungen gegen obiges Gesetz bei der zuständigen Behörde, d. i. den Kgl. Rentämtern, zur Anzeige zu bringen.

2. Fin.-Min.-Entschl. vom 11. Oktober 1873, den Vollzug des Reichsgesetzes über die Wechselstempelsteuer betreffend (FMBl. S. 146).

III. In Ziff. XII. der oben schon allegierten Finanz-Ministerial-Entschließung vom 14. Juni 1871 ist auf Grund eines Bundesratsbeschlusses vom 11. Mai 1871 besonders bemerkt, daß den Finanzbehörden eine Befugnis, bei Wechselstempelhinterziehungen wegen geringen Betrages der Stempelsteuer oder aus anderen Gründen von der gesetzlich veranlaßten Einschreitung Umgang zu nehmen, nicht zusteht.

Durch neuerlichen Bundesratsbeschluß vom 2. Juli 1873 wurde jedoch abändernd bestimmt, „daß bezüglich der Anklage-Verhandlungen wegen Wechselstempelhinterziehungen die Dirigenten der Hauptämter und in Bayern die Dirigenten derjenigen Behörden, welche nach § 4 Abs. 2 des Gesetzes vom 22. April 1871, betreffend die Einführung norddeutscher Bundesgesetze in Bayern (Bundesgesetzblatt S. 87), an die Stelle der Hauptämter zu treten haben, für befugt zu erachten seien, falls offenbar nur Versehen vorliegen und die Absicht der Steuerhinterziehung ausgeschlossen ist, von der im § 96 der Instruktion für die Hauptämter erteilten Ermächtigung Gebrauch zu machen".

Der fragliche § 96 der preußischen Geschäftsinstruktion für die Hauptämter räumt nämlich dem Oberinspektor die Befugnis ein, „Anklageverhandlungen über Kleinigkeiten bis höchstens 1 Taler Gefälle oder minder wichtige Formverletzungen auf sich beruhen zu lassen", und in gleicher Weise bestimmt der hiermit korrespondierende § 9 der bayerischen Anweisung zur Behandlung der Zollstraffälle vom 2. März 1872 (Amtsblatt der Generalzolladministration vom Jahr 1872 S. 160): „Die Oberzollinspektoren sind ermächtigt, bei derartigen geringeren Zollübertretungen von einer Einschreitung nach freiem Ermessen Umgang zu nehmen".

Diese Niederschlagungsbefugnis kommt nunmehr auch den Vorständen der Kgl. Rentämter in Wechselstempel-Hinterziehungssachen zu und haben dieselben hienach in Zukunft zu verfahren.

Übrigens setzt die Gebrauchmachung von jener Ermächtigung stets voraus, daß es sich um einen Wechselstempelsteuerbetrag von nicht mehr als 1 Taler handelt, sowie, daß die Verfehlung ganz zweifellos nur in einem Versehen beruht und die Absicht einer Steuerhinterziehung gänzlich ausgeschlossen ist.

Auch in diesen Fällen bleibt aber die Nachentrichtung des Stempelbetrages und die vorschriftsmäßige Verwendung weiterer Stempelmarken vorbehalten.

Hegt der betreffende Rentbeamte Bedenken, ob im konkreten Falle von der gedachten Niederschlagungsbefugnis Gebrauch gemacht werden kann, so hat sich derselbe nach Maßgabe der Vorschrift der Finanz-Ministerial-Entschließung vom 14. Juni 1871 Ziff. XX. und der Justiz-Ministerial-Entschließung vom 22. Juni 1871 (Justiz-Ministerial-Blatt von 1871 S. 138) mit dem zuständigen Staatsanwalte hierüber ins Benehmen zu setzen.

Schließlich wird die Erwartung ausgesprochen, daß von den Kgl. Rentamtsvorständen die ihnen eingeräumte Befugnis zur Niederschlagung angezeigter Wechselstempelhinterziehungen mit jener Umsicht zur Anwendung gelangt, welche geeignet ist, Härten des Gesetzes auszugleichen, ohne den genauen Vollzug desselben oder der hierzu erlassenen Kontrollvorschriften irgendwie zu schädigen.

IV. Die Bekanntmachung des Reichskanzlers vom 11. Juli 1873, welche unten im Abdrucke folgt, ist auch durch das Kreisamtsblatt nebst der Ziffer I gegenwärtiger Entschließung publizieren zu lassen.

In einem Spezialfalle, in welchem die Prima eines vom Auslande auf das Inland gezogenen, im Auslande domizilierten Wechsels dem Bezogenen durch einen Korrespondenten, nicht durch einen Indossatar, vorgelegt und dieselbe sodann von dem Bezogenen angenommen und nach Durchkreuzung der Rückseite unversteuert zurückgegeben wurde, war zweifelhaft geworden, ob dieses Verfahren zulässig sei.

Auf den vom Ausschusse für Zoll- und Steuerwesen erstatteten Bericht hat der Bundesrat in seiner Sitzung vom 13. Oktober v. Jrs. (§ 333 der Protokolle) sich mit der von dem genannten Ausschusse vorgetragenen Ansicht dahin einverstanden erklärt, daß derartige, vom Auslande auf das Inland gezogene, im Auslande domizilierte Wechsel nach erfolgtem Akzepte, auch wenn ein Umlauf derselben im Inlande nicht stattfindet, nach § 7 (8) des Gesetzes vom

10. Juni 1869 der Stempelsteuer unterliegen (ME. vom 16. Februar 1876 Steuerpflicht vorländischer Wechsel betreffend FMBl. S. 57).

Zu §§ 13 und 14 jetzt 14 und 15. Aus Anlaß der am 1. l. Mts. zur Einführung gelangten Einrichtung der Benützung des Postauftrags zur Einholung von Wechselakzepten wird aufmerksam gemacht, daß Postbeamte oder Bedienstete, welche Wechsel behufs Herbeiführung der Annahme derselben daß der Akzeptator in Ausübung ihrer Dienstpflicht den letzteren vorzulegen haben, als Teilnehmer am Unberufe des Wechsels muß angesehen und demgemäß im Falle einer Kontravention wegen des Stempels und der Note persönlich nicht in Anspruch genommen werden können.

FMBl. E. 24. August 1876 FWBl. S. 181.

Entschl. des Staatsministeriums der Justiz vom 3. Mai 1877. Die Kontrolle der rechtzeitigen Verwendung der Wechselstempelmarken betreffend (FMBl. 1872 S. 67).

Nach einer Mitteilung des Reichskanzleramts sind in dem Bezirke einer Kgl. preuß. Provinzialsteuerdirektion zahlreiche Fälle zur Entdeckung und Verfolgung gekommen, in welchen die seit dem 15. August v. Jrs. zum Verkaufe gelangten Reichswechselstempelmarken mit einem früheren Kassationsdatum als dem ihrer Einführung resp. Debitierung zur Versteuerung von Wechseln angewendet, also offenbar nachträglich verbraucht und mit falsch datiertem Kassationsvermerk versehen waren.

Da hiernach nicht zu bezweifeln ist, daß häufig die Stempelmarken erst dann nachgeklebt werden, wenn gelegentlich der Protesterhebung oder Klagestellung die Wechsel produziert werden müssen, so werden sämtliche beteiligte Stellen, Behörden und Beamte des Justizressorts unter Hinweisung auf die

Bestimmungen der Justiz-Min.-Entschließung vom 6. Juni 1871, den Vollzug des Reichsgesetzes über die Wechselstempelsteuer betreffend (Just.-M.-Bl. S. 111) hierdurch veranlaßt, bei den zur Protesterhebung oder in Prozessen produzierten Wechseln ihr Augenmerk darauf zu richten, ob der Kassationsvermerk der mit Reichsstempelmarken versehenen Wechsel ein Datum führt, welches der Ausgabe der Reichswechselstempelmarken vorausging und die hierbei zu ihrer Kenntnis kommenden Zuwiderhandlungen bei der zuständigen Behörde zur Anzeige zu bringen.

ME. vom 19. Oktober 1878 (FMBl. 1878 S. 261).

Es ist zur Anregung gekommen, daß Steuerbehörden eines Bundesstaates bei Beurteilung der Versteuerung von im Auslande auf das Inland gezogenen, schon im Auslande mit den erforderlichen regelrecht kassierten Wechselstempelmarken versehenen Wechseln von der Ansicht ausgehen, daß nur die nach §§ 4 und 5 (5, 6) des Wechselstempelsteuergesetzes vom 10. Juni 1869 für die Entrichtung der Abgabe verhafteten Teilnehmer am Umlauf des Wechsels im Bundesgebiet zur Verwendung von Wechselstempelmarken berechtigt seien.

Diese Auffassung konnte aber inhaltlich der vorliegenden Mitteilung nicht als begründet erachtet werden.

Es ist vielmehr anzunehmen, daß dem Wechselstempelsteuergesetze auch dann Genüge geschehen ist, wenn der im Auslande ausgestellte Wechsel vom ausländischen Aussteller unmittelbar auf einem, den erforderlichen Reichswechselstempel eingedruckt tragenden Blankett niedergeschrieben, oder von dem Aussteller oder von einem sonst am Umlaufe des Wechsels beteiligten Ausländer mit Reichs-Wechselstempelmarken bis zum gesetzlichen Betrage und in vorschriftsmäßiger Weise versehen worden ist.

Min.-Bekanntmachung vom 2. Oktober 1879, die Wechselstempelsteuer und das Verfahren bei Zuwiderhandlungen gegen das Wechselstempelsteuergesetz. (GVBl. S. 1409.)

In Wechselstempelhinterziehungen bleiben vom 1. Oktober l. Jrs. an zum Verfahren im Verwaltungswege nach Maßgabe der §§ 459 u. ff. der Reichs-Strafprozeßorgnung und Art. 87 u. ff. des Ausführungsgesetzes vom 18. August 1879 zur Reichs-Strafprozeßordnung an Stelle der Zollbehörden auf Grund der Allerhöchsten Verordnung vom 8. Mai 1871 (RegBl. S. 921) die Kgl. Rentämter zuständig.

Das Verfahren richtet sich nach den Vorschriften über das Verfahren in Zollstrafsachen, soweit nicht durch gesetzliche Bestimmung (vgl. insbesondere § 15 Abs. 3 des Gesetzes vom 10. Juni 1869, betreffend die Wechselstempelsteuer) oder durch die Natur der Wechselstempelhinterziehungen eine Ausnahme begründet ist.

In bezug auf Strafumgangnahme hat es bei den bisherigen Bestimmungen sein Bewenden.

FME. v. 9. Februar 1882 FMBl. S. 42 Nr. 13.

In Rücksicht auf einen vorliegenden Anlaß wird folgendes zur Beachtung bekanntgegeben.

Wenn der Kassierungs-Vormerk auf einer Wechselstempelmarke ein Mehr, als nach der Bekanntmachung des Herrn Reichskanzlers vom 16. Juli 1881 (Reichsgesetzblatt S. 245 und Finanzministerialblatt S. 327) zur Entwertung der Marke vorgeschrieben ist, insbesondere außer dem vorschriftsmäßig eingeschriebenen Datum noch die Anfangsbuchstaben des Wohnortes und des Namens, beziehungsweise der Firma des Kassierenden enthält, so ist die Marke gleichwohl als giltig verwendet anzusehen, soferne nur die Deutlichkeit des Vormerks und die Wertbezeichnung der Marke durch die unnötigen Zusätze nicht beeinträchtigt wird.

(Bl. f. bayer. Verk.-Anst. 1871 Nr. 49.)

Im übrigen haben sich die Postbehörden bei Besorgung des Debits dieser Stempelmaterialien mit den Wechseln, Anweisungen und gleichgestellten Papieren selbst, insbesondere in bezug auf das Aufkleben und Kassieren der Marken, in keiner Weise zu befassen (FME. vom 14. Juni 1871 — FMBl. S. 93) und ihre Tätigkeit nur auf den Verkauf und die Erteilung von Aufschlüssen nach Maßgabe der gesetzlichen Bestimmungen zu beschränken. Höhere Wertsorten können durch Anwendung mehrerer Stempelmarken zu niedrigeren Sätzen dargestellt werden.

VBl. f. d. Kgl. Bayer. Verk.-Anst. 1871 Nr. 49.

Bekanntmachung, den Vollzug des Wechselstempelgesetzes vom 15. Juli 1909 betreffend.

K. Staatsministerium der Finanzen.

(GVBl. 1910 S. 217.)

Laut Bekanntmachung des Reichskanzlers vom 4. Juni 1910 — Zentralblatt für das Deutsche Reich 1910 S. 234 — hat der Bundesrat in seiner Sitzung vom 11. Mai 1910 nachstehenden Beschluß gefaßt:

1. Versicherungs-Aktiengesellschaften, bei denen zur Sicherstellung für den nicht eingezahlten Teil des Aktienkapitals Wechsel hinterlegt sind, kann auf Antrag durch die Steuer-Direktivbehörde nach deren näherer Bestimmung widerruflich gestattet werden, daß sie die von diesen Wechseln gemäß § 3 Abs. 2 des Wechselstempelgesetzes vom 15. Juli 1909 zu zahlende weitere Abgabe in Stempelmarken statt zu den Wechseln zu einer über den Wechselbestand aufzustellenden Nachweisung entrichten.

   Ist die weitere Abgabe für sämtliche hinterlegten Wechsel gleichzeitig auf denselben Kalenderzeitraum zu entrichten oder erklärt die Versicherungs-Aktiengesellschaft sich hierzu auch hinsichtlich der noch nicht fälligen weiteren Abgabe bereit, so kann außerdem zugelassen werden, daß die weitere Abgabe von Halbjahr zu Halbjahr innerhalb der ersten drei Tage des Zeitraums, für den sie zu zahlen ist, für die Gesamtheit der im Bestande befindlichen Wechsel ohne Rücksicht auf die sich aus der Erneuerung einzelner Wechsel ergebenden Änderungen lediglich unter Zugrundelegung der Anzahl und Stückelung der Wechsel entrichtet wird.

Die obersten Landesfinanzbehörden werden ermächtigt, in Fällen ähnlicher Art die Entrichtung der weiteren Abgabe nach den vorliegenden Grundsätzen auch anderen Wechselinhabern zu gestatten.

2. In die Nachweisung ist eine Berechnung des jeweilig geschuldeten Gesamtstempelbetrags aufzunehmen. Die Wechselstempelmarken sind in dem erforderlichen Betrag im unmittelbaren Anschluß an die Berechnung aufzukleben und in der im § 6 der Ausführungsbestimmungen zum Wechselstempelgesetze bezeichneten Weise zu entwerten. Die Nachweisung ist von der Gesellschaft aufzubewahren.

3. Vor Erteilung der in Nr. 1 bezeichneten Genehmigung hat sich die Gesellschaft, soweit sie nicht schon durch § 25 des Wechselstempelgesetzes hierzu gehalten ist, zu verpflichten, den Stempelprüfungsbeamten auf Verlangen die Wechsel, die verstempelten Nachweisungen und die sich auf die Hinterlegung der Wechsel beziehenden Schriftstücke vorzulegen sowie jede für die Prüfung der Erfüllung der Stempelpflicht erforderliche Auskunft zu erteilen.

4. Soll ein Wechsel, für den die weitere Abgabe nach den vorstehenden Bestimmungen entrichtet ist, von dem Inhaber aus den Händen gegeben

werden, so ist er zuvor der Zoll- oder Steuerstelle des Bezirkes vorzulegen, damit diese auf dem Wechsel bescheinigt, daß die Steuerpflicht erfüllt ist. Von dieser Bescheinigung kann abgesehen werden, wenn der Wechsel dem Wechselaussteller als erledigt zurückgegeben wird.

5. Im § 3 der Ausführungsbestimmungen zum Wechselstempelgesetze werden im Abs. 1 die Worte „30 und 50 Mark“ durch die Worte „30, 50, 100 und 500 Mark“, im Abs. 2 die Worte „von 10 bis 50 Mark“ durch die Worte „von 10 bis 500 Mark“ ersetzt.

6. Die Bestimmungen zu 1 bis 4 treten mit Wirkung vom 1. August 1909, die Bestimmung unter 5 tritt mit dem 1. Juli 1910 in Kraft.

München, den 11. Juni 1910.

v. Pfaff.

Anhang II.

Zusammenstellung der Entscheidung des Reichsgerichts und des k. b. Obersten Landesgerichts und des Oberlandesgerichts München.

1. Zu § 1. Die im Auslande ausgestellten und im Auslande zahlbaren trockenen Wechsel sind beim Umlaufe in Deutschland einem Wechselstempel nicht unterworfen.

Urt. des II. Strafs. vom 30. Sept. 1884 c. M. (1778/84 LG. Königsberg). (R. RGStS. B. VI S. 578) E. Bd. 11 S. 109.

2. Zu § 1. Ist für die Befreiung nach § 1 Abs. 2. des Ges. vom $\frac{\text{10. Juni 1869}}{\text{15. Juli 1909}}$ der Inhalt der Wechselurkunde oder der wirkliche Ausstellungsort entscheidend? (Letzterer).

Kann die irrige Annahme, daß der Wechsel ein Transitowechsel sei, bei Beurteilung der Straffälligkeit Berücksichtigung finden? (Nein.)

ERG. IV. Sen. v. 25. IV. 1899. E. Bd. 32. S. 130.

3. Zu § 3 (5). Wer lediglich im Auftrage eines Dritten am Umlaufe des (unverstempelten) Wechsels sich beteiligt, ist nicht als Teilnehmer im Sinne des § 5 oder als Inhaber im Sinne des § 11 des zitierten Gesetzes anzusehen und unterliegt daher nicht den Strafbestimmungen der §§ 4—12 dieses Gesetzes.

Urt. des I. Strafs. vom 16. April 1885 c. B, (745/85) (LG. Halle a/S.) (R. RGStS. B. VII S. 229) E. Bd. 12 S. 145.

4. Verpflichtet die Abgabe des Namenszuges auf einem Wechsel auch dann, wenn durch dieselbe eine wechselmäßige Verbindlichkeit nicht erzeugt wird, zur Entrichtung der Wechselstempelabgabe? (Nein.)

Unter welchen Voraussetzungen wird, durch Abgabe des Namenszuges auf der Rückseite eines das Verbot der Indossierung enthaltenden eigenen Wechsels eine Wechselbürgschaft erzeugt? (Nur dann, wenn über dieselbe ein die Bürgschaftserklärung enthaltender Vermerk gesetzt wird.

Urt. v. 13. Oktober 1890 g. G. Reg. 1878/90.
(E. RGStS. B. XXI S. 97.)

5. Zu § 5 (6). Kann auch der, welcher einen nachher zur Begebung an Dritte gelangten Wechsel zur Zeit, als derselbe ein Blankett bildete, als Aussteller und Indossant unterschrieben hat, wegen Nichtentrichtung der Wechselstempelsteuer strafrechtlich haftbar werden? (Ja.)

Welchen Einfluß hat in dieser Richtung die Fälschung der Annahmeerklärung des Bezogenen oder eines Giros? (Keinen.)

RGE. I. Sen. v. 5. I. 1884 E. Bd. 10 S. 27.

6. Zu § 5 (6). Ist der Prozeßbevollmächtigte, der dem Schuldner einen Wechsel vorlegen und protestieren läßt, als „Inhaber“ anzusehen? (Nein.)

RGE. I. Sen. v. 16. IV. 1885 Bd. 12 S. 175.

7. Zu § 5 (6). Ist der Prokurist einer Firma, welcher als solcher ein Wechselakzept ausstellt und unversteuert aushändigt, für die Versteuerung strafrechtlich verantwortlich? (Ja.)

RGE. II. Sen. v. 22. XI. 1898 E. Bd. 31 S. 336.

8. Zu § 6 (7). Ist ein Wechsel aus den Händen gegeben sobald er einem Dritten zur Verwendung der Stempelmarke zeitweilig anvertraut ist? (Nein.)

RGE. II. Sen. v. 7. X. 1898 E. Bd. 31 S. 375.

9. Zu § 7 (8). Wer das mit seinem Akzepte versehene, bis auf die Unterschrift des Ausstellers ausgefüllte Formular eines gezogenen Wechsels, ohne zuvor die Stempelabgabe entrichtet zu haben, einem anderen übergibt, damit dieser es als Aussteller unterzeichne, ist wegen Hinterziehung des Wechsel-

stempels nur dann strafbar, wenn die Unterzeichnung erfolgt. Gesetz vom $\frac{\text{10. Juni 1869}}{\text{4. Juni 1879}}$ betreffend die Wechselstempelsteuer 4. Juni 1879. §§ 1, 6, 16, vgl. jetzt § 3.

Urteil vom 10. Oktober 1893.
(E. OLGMiSt. Bd. VII S. 462.)

10. Der Aussteller eines vom Akzeptanten ihm unversteuert zurückgegebenen, noch nicht im Umlauf gesetzten Wechsels ist nicht verpflichtet, die Stempelabgabe zu entrichten, ehe er den Wechsel zum Zwecke der Erhebung der Wechselklage einem Rechtsanwalte übergibt. Die Versteuerung braucht erst bewirkt zu werden, bevor der Wechsel dem Gericht vorgelegt wird. Gesetz vom $\frac{\text{10. Juni 1896}}{\text{4. Juni 1879}}$ betreffend die Wechselstempelsteuer §§ 6, 7, 11; vgl. jetzt § 3.

Urteil vom 3. Februar 1894.
(Entsch. OLGMiStS. Bd. VIII S. 6.)

11. Zu § 11 (12). Die Aufdrückung des Firmenstempels auf der Vorderseite eines vom Schuldner erhaltenen Solawechsels ist, wenn ihr sonst eine für den Umlauf des Wechsels rechtliche Bedeutung nicht zukommt, als eine „Unterzeichnung" im Sinne des § 11 das. nicht aufzufassen.

Dagegen liegt ein „aus den Händen geben" im Sinne dieser Gesetzesstelle vor, wenn der Wechselinhaber den nicht in Umlauf gesetzten Solawechsel an den Aussteller infolge weiterer Rechtsvereinbarung zurückgibt.

Bei einem von einer Firma erworbenen Wechsel ist für die Erfüllung der Stempelpflicht stets der Firmeninhaber strafrechtlich verantwortlich, ohne Rücksicht darauf, ob an der fraglichen Unterlassungshandlung persönlich beteiligt oder hieran verhindert war.

Urteil des I. Strafs. vom 20. Sept. 1886 c. K. (1671/86) (LG. Deggendorf.)
(R. RGStS. Bd. VIII S. 542.) E. Bd. 14 S. 409.

12. In der Übergabe eines Wechsels an den Gerichtsvollzieher behufs Präsentation und Protest-

erhebung mangels Annahme des Wechsels ist nicht ein „aus den Händen geben des Wechsels" im Sinne des § 7 das. zu finden.

Urteil des I. Straff. v. 9. Dez. 1886 c. M. (2303/86) (LG. Köln.) (R. RGStS. Bd. VIII S. 734.) E. Bd. 15 S. 80.

13. Zu § 14 (15). Die Strafbarkeit eines zur Verwendung von Wechselstempelmarken Verpflichteten wird dadurch nicht ausgeschlossen, daß er irrtümlich andere Stempelmarken für Wechselstempelmarken hielt und erstere verwendete.

Urteil des III. Straff. vom 20. Nov. 1882 c. A. (2703/82.) (R. RGStS. Bd. IV S. 822.) E. Bd. 7 S. 241.

14. Zu § 15 (18). Wenn eine Person wegen Hinterziehung der Wechselstempelsteuer angeklagt ist, weil angenommen wurde, der Wechsel habe keinen Stempel getragen, als der Pflichtige ihn aus der Hand gab, so genügt zur Freisprechung nicht die Feststellung, daß der Stempel beigefügt und in vorschriftsmäßiger Form behandelt wurde, sondern, daß auch dies zur richtigen Zeit geschah.

Erk. des III. Straff. v. 26. November 1879 c. Rosenberg (D 372). (R. RGStS. Bd. I S. 98.)

15. Die in einem von dem Notare geführten Protestregister enthaltene Abschrift des Wechsels und der Protesturkunde sind als beglaubigte Abschriften aufzufassen.

Das Ergebnis der Beweisführung unterliegt der Prüfung des Revisionsrichters insoweit, als die Feststellung auf einer rechtsirrtümlichen Anschauung über die rechtliche Natur des Beweismittels beruht.

Erk. des II. Straff. vom 7. Mai 1880 c. Stechern (D 455/80.) (R. RGStS. Bd. I S. 737.)

16. Eine gesetzliche Vorschrift, nach welcher einer öffentlichen Urkunde stets unbedingter Glaube geschenkt werden müsse, besteht für den Strafprozeß nicht.

Urteil des I. Straff. vom 6. Oktober 1881 c. N. (1957/81.) (R. RGStS. Bd. III S. 605.)

17. Zu § 15 (18). Der Tatbestand strafbarer Wechselstempelhinterziehung erfordert in subjektiver Beziehung weder Absicht noch das Bewußtsein rechtswidrigen Verhaltens, noch auch schuldhafte Fahrlässigkeit (Formaldelikt.)

RGE. III. Sen. v. 20. II. 1882 E. Bd. 7 S. 241.
RGE. II. Sen. v. 2. III. 1908 E. Bd. 41 S. 235.

18. Sind, wenn ein Wechsel namens einer Genossenschaft quittiert wird, für die Verwendung der Stempelmarke sämtliche Mitglieder des Vorstandes der Genossenschaft oder nur diejenigen verantwortlich, welche sich an der Wechselerklärung beteiligt haben? (Nur letztere.)

Urteil vom 7. Juli 1893 g. E. u. Gen. Reg. 2068/93.
(E. RGStS. Bd. XXIV S. 226; vgl. jetzt § 3.)

19. Inwiefern ist bei Aufklebung einer Wechselstempelmarke unter eine Unterschrift aus einem vom Auslande nach dem Inlande indossierten Wechsel ein der Unterschrift angefügter Handzug zu berücksichtigen? (Nur dann, wenn durch denselben die Anbringung einer weiteren Erklärung zwischen dem Namen und der Marke unmöglich ist.)

Urteil vom 3. Dezember 1894 g. Z. und Gen. Reg. 3442/94.
(E. RGStS. Bd. XXVI S. 297.)

20. Zu § 15 (18). Formaldelikt ist eine strafbare Handlung, bei welcher das Gesetz die Strafbarkeit lediglich von dem Vorliegen des objektiven Tatbestandes abhängig macht, bei dem somit das Verschulden und die Kenntnis der zum gesetzlichen Tatbestand gehörigen Merkmal (subjektive Momente) bedeutungslos ist.

RGE. II. Sen. v. 25. IX. 1896 E. Bd. 29 S. 74.

21. Zu § 15 (18). Unter welchen Voraussetzungen sind die am Umlauf eines Wechsels Beteiligten wegen Versäumung der Abgabepflicht strafbar, wenn ein Vormann auf dem Wechsel zwar eine dem Steuerbetrage entsprechende Marke verwendet, hiebei aber die Vorschrift über die Art der Verwendung nicht

beachtet? (Nur wenn der Mangel hinlänglich ersichtlich ist.)

RGE. I. Sen. v. 2. und 30. März 1908 E. Bd. 41 S. 232.

NB. Der konkrete Tatbestand war folgender:

Die Versteuerung des Wechsels war vom Aussteller und Akzeptanten unterlassen worden. Der erste Indossant versah den Wechsel mit der betreffenden Marke, kassierte dieselbe vorschriftsmäßig, klebte aber die Marke **über das nicht datierte Blankoindossament** des Ausstellers. Der Wechsel wurde mittels zweier weiterer, nicht datierter Giros weiter begeben. Aeußerlich bot er das Bild richtiger und rechtzeitiger Versteuerung. In Wirklichkeit galt er als nicht versteuert (§§ 6, 7, 13 II 14 d. WStStG. Ausführungsbesteuerung Ziff. 6). Das Landgericht sprach ihn unter Bezugnahme auf § 59 StGB. frei.

Das Reichsgericht verwarf diese Auffassung, weil § 59 StGB. bei einem Formaldelikte ausscheide, kam jedoch gleichviel zu einem Freispruche, weil man nicht mehr verlangen kann, als daß ein Pflichtiger die **äußerlich** erkennbaren Mängel des Wechsels beachte.

Diese Entscheidung enthält einen Widerspruch (eine contradictio in adjecto). Denn ist die Wechselsteuerhinterziehung ein Formaldelikt, so wäre der Tatbestand gegeben und könnte nicht freigesprochen werden; nimmt man aber einen subjektiven Maßstab an (die Nichtmöglichkeit der Erkenntnis), dann gibt es kein Formaldelikt mehr. Der Reichsanwalt hatte denn auch Aufhebung des freisprechenden Urteils des Landgerichts beantragt.

Das Reichsgericht hatte offenbar die Härte des Gesetzes mildern wollen, was jedoch nicht Aufgabe des Richters ist. Nunmehr ist die Frage durch die Gesetzgebung glücklicher gelöst, da sie eine **Verpflichtung** zur Wechselversteuerung in diesen Fällen nicht mehr aufstellt. (Vgl. § 8 Ausf.-Best.)

22. Zu § 15 (18). Ist auch derjenige als Teilnehmer am Umlaufe eines Wechsels anzusehen, der ein Blankoakzept aus der Hand gibt mit der Ermächtigung, das Formular nach Belieben auszugestalten? (Ja.)

Erfordert die Strafbarkeit der Wechselstempelhinterziehung einen strafbaren Vorsatz oder schuldhafte Fahrlässigkeit? (Nein.)

E. ObLG. v. 20. VI. 1903 E. Bd. III S. 367.

23. Zu § 16 (19). Verwirkt derjenige, welcher ein noch nicht ausgefülltes Wechselformular mit seinem Akzepte versieht und unversteuert aus der Hand gibt, die Stempelstrafe auch dann, wenn bei der Ausstellung die Höhe der einzurückenden Wechselsumme noch nicht bestimmt ist und wenn von dem Aussteller bei der nachträglichen Ausfüllung und Vollziehung des Formulars der vorschriftsmäßige Stempel verwendet wird? (Ja.)

ER. II. Sen. v. 10. III. 1897 Bd. 30 S. 16.

24. Ist die Strafbarkeit des Blankoakzeptanten, welcher das Blankett unversteuert aus der Hand gibt, davon abhängig, daß später durch entsprechende Ausfüllung ein vollständiger Wechsel entsteht? (Ja.)

ERG. I. Sen. v. 30. VI. 1887 E. Bd. 16 S. 206.
ERG. II. Sen. v. 19. III. 1897 E. Bd. 30 S. 19.

25. Zu § 16 (19). Greift die Vorschrift des § 16 (19) nur dann Platz, wenn die Aushändigung eines unvollständigen Wechsels erfolgt; ist nur der Empfänger zur Ergänzung zu ermächtigen? (Nein, sondern selbst dann, wenn der Wechsel nicht zum Umlauf bestimmt, wenn vereinbart war, daß er nicht ausgefüllt werden solle, soferne dieses doch geschieht.)

RE. II. Sen. v. 22. XI. 1898 E. Bd. 31 S. 337.

26. Zu § 16 (19). Verpflichtet die Unterzeichnung eines Wechsels als Bürge auch dann zur Versteuerung, wenn durch dieselbe eine wechselmäßige Verbindlichkeit nicht erzeugt wird? (Nein.)

Ist die Vorschrift des § 16 (19) des Wechselstempelsteuergesetzes auf den Aussteller eines trockenen und den Akzeptanten eines gezogenen Wechsels beschränkt? (Ja.)

Was heißt „aus der Hand geben?" (Ein Aushändigen zum Zweck des Umlaufes.)

ER. III. Sen. v. 11. XII. 1902 E. Bd. 36 S. 134.

27. Zu § 16 (19). Verwirkt der Blankoakzeptant, der das bis auf die Unterschrift des Ausstellers ausgefüllte Wechselblankett unversteuert aus den Händen gibt, die Stempelstrafe auch dann, wenn der Aussteller die Stempelmarke entsprechend dem Ersuchen des Blankoakzeptanten entsprechend bei Tätigung eine Unterschrift verwendet? (Ja.) Es muß nach § 16 (19) so angesehen werden, als wäre der Wechsel bei Abgabe des Akzepts vollständig gewesen (Retrotaktion). Ist die Strafbarkeit des Blankoakzeptanten unabhängig davon, ob das Wechselblankett demnächst (also unmittelbar nach der Aushändigung) zum Wechsel wird? (Ja), wenn es nur überhaupt einmal zum Wechsel wird.

Ist der Bevollmächtigte als Zeichner strafrechtlich haftbar? (Ja.)

ERG. IV. Sen. v. 31. I. 05 Bd. 37 S. 374.

28. Zu § 16 (19). Wer das bis auf die Unterschrift des Ausstellers ausgefüllte Wechselblankett mit seinem Akzepte versieht und dann behufs Beisetzung der Unterschrift und Verwendung der Stempelmarke zurückgibt, verwirkt die Stempelstrafe, wenn der Aussteller seine Unterschrift beisetzt.

Zur Strafbarkeit ist weder strafbarer Vorsatz noch schuldhafte Fahrlässigkeit erforderlich.

E. ObLG. v. 5. VI. 1905 Entsch. Bd. VI S. 41.

NB. Die in Nummer 22/28 behandelten Streitfragen sind jetzt durch §§ 2 und 19 des neuen Gesetzes im Sinne obiger Entscheidung gelöst.

Das Resultat ist, daß der Akzeptant eines trockenen Wechsels und der Aussteller eines gezogenen Wechsels denselben nie unversteuert aus der Hand geben dürfen. Desgleichen der Aussteller eines gezogenen Wechsels mit einziger Ausnahme des § 8 Abs. 1.

Zu § 23 (alt). Wann beginnt die Verjährung der Stempelsteuerhinterziehung bei unvollständigen Wechseln? (Von dem Zeitpunkte ihrer Vervollständigung.)

RGE. II. Sen. v. 29. März 1898 E. Bd. 31 S. 96.

NB. Vergleiche jetzt § 23 Abs. 2 (neu).

29. Zu § 27. Als Scheck im Sinne des allegierten Gesetzes ist eine als Barzahlung dienende auf Sicht gestellte Anweisung auf das Guthaben des Ausstellers bei dem die Zahlungen desselben besorgenden Geldinstitute, welche ohne Akzept bleibt, zu betrachten. Es ist nicht erforderlich, daß die Anweisung als Scheck bezeichnet oder aus deren Kontext die Eigenschaft des Bezogenen als „die Zahlungen des Ausstellers besorgender Bankier“ oder das Vorhandensein „eines Guthabens“ des Ausstellers bei dem Bezogenen förmlich zu ersehen ist und hebt die Stellung an Ordre oder die Indossierung der Anweisung deren Eigenschaft als stempelfreien Scheck nicht auf.

Urteil des III. Strafs. vom 11. Okt. 1888 c. F. (1902/88) (LG. Magdeburg). (R. RGStS. Bd. X S. 557, siehe nächste Entscheidung.)

30. 67. Ist für den Scheck, wenn er steuerfrei sein soll, ausdrücklich verlangt, daß er eine Anweisung auf das Guthaben des Ausstellers bei dessen Bankier sein muß, und muß dieses Erfordernis aus dem Scheck in erkennbarer Weise hervorgehen? (Ja.)

Urteil vom 28. Mai 1892 g. Schn. u. Gen. Reg. 1251/92. (E. RGStS. Bd. XXIII S. 216.)

Anhang III.

Hauptbegriffe des deutschen Wechsel- und Scheckrechtes.

I. Begriff und Arten des Wechsels.

Der Wechsel ist ein in bestimmter (schriftlicher) Form gegebenes Zahlungsversprechen über Geldsummen, wodurch alle Personen, deren Unterschriften sich auf der Wechselurkunde befinden, für die Zahlung der bezeichneten Summen Geldes wechselmäßig (abstreckt) verpflichtet werden, soferne sich aus deren Fassung die Übernahme einer wechselmäßigen Verpflichtung ergibt. Es gibt sowohl gezogene als eigene Wechsel.

II. Gezogener Wechsel.

Die Tratte oder der gezogene Wechsel ist eine Wechselurkunde, welche sowohl eine Zahlungsanweisung an den Bezogenen (Trassaten) als auch im Wechselversprechen des Anweisenden (Trassanten) enthält.

Die wesentlichen 8 Erfordernisse der Tratte nach Art. 4 der deutschen WO. sind:

1. Die in dem Wechsel selbst aufzunehmende Bezeichnung als „Wechsel" oder wenn der Wechsel in einer fremden Sprache ausgestellt ist, eine jener Bezeichnung entsprechender Ausdruck der fremden Sprache (die sog. Wechselklausel).
2. Die Angabe der zu zahlenden Geldsumme (der sog. Wechselsumme).
3. Der Name der Person oder die Firma, an die oder deren Order gezahlt werden soll (des Remittenten).

4. Die Zahlungs- oder Verfallzeit. Dieselbe kann für die ganze Geldsumme nur eine sein (Tag, Sicht, bestimmte Zeit nach Sicht oder Ausstellung Messe, Markt).
5. Die Unterschrift des Ausstellers mit seinem Namen oder seiner Firma (Trassanten).
6. Die Angabe des Ortes, Monatstages und Jahres der Ausstellung (das Ausstellungsdatum).
7. Der Name oder die Firma derjenigen Person, welche die Zahlung leisten soll (des Bezogenen oder Trassanten).
8. Die Angabe des Ortes, wo die Zahlung geschehen soll (Zahlungsortes).

III. Akzept.

Ist die Erklärung des bezogenen (Trassaten) den Zahlungsauftrag des Trassaten anzunehmen und zugleich die Abgabe eines wechselmäßigen (abstrakten) Zahlungsversprechens an den Wechselinhaber.

IV. Indossament.

Das Indossament (Giro) ist ein formales (abstraktes d. i. von dem materiellen Verpflichtungsgrunde unabhängiges) Rechtsgeschäft, inhaltlich dessen der erste Wechselinhaber nach dem Aussteller (der Remittent dann jeder spätere Inhaber des Wechsels) durch eine auf den Wechsel, die Wechselkopie oder die Allonge gesetzte Erklärung den Wechselschuldner anweist, die Wechselsumme für ihn (den Indossanten) an eine andere Person oder deren Order (den Indossatar) zu zahlen dem letzteren den Wechsel übergibt und dieser den Wechsel als Gläubiger übernimmt. Sie wirkt für den Indossenten wie die Tratte für den Trassanten. Denn das Indossament enthält neben der von dem Rechte des Indossanten unabhängigen Übertragung des ursprünglichen Wechselrechts ein selbständiges Wechselversprechen des Indossanten (Transport- und Garantie-Funktion des

Indossaments vgl. Gareis, Wechselrechtordnung S. 29 mit 40).

V. Die Zahlungsempfänger.

1. Zahlungsempfänger ist derjenige Inhaber des Wechsels, welcher zur Zeit der Zahlung durch eine zusammenhängende Reihe von formell richtigen Indossamenten als letzter Wechselinhaber (Indossatar) legitimiert ist.

VI. Begriff des Protestes.

Der Protest ist eine öffentliche Urkunde (Zeugnis), welche in gesetzlich bestimmter Form von dem zuständigen Beamten — Protestbeamten — zur Feststellung der erfolgten richtigen Präsentation und des Mangels der Zahlung des Wechsels errichtet wird und in dieser Hinsicht als ausschließliches Beweismittel dient.

VII. Intervention.

Intervention ist die im Falle des Notleidens eines Wechsels wegen mangelnder Zahlung oder Annahme seitens der Trassaten erfolgte Zahlung oder Annahme durch eine dritte Person.

Die Intervention kann sich auf eine auf dem Wechsel befindlichen Notadresse gründen. Sie kann auch ohne solche erfolgen (reine Ehrenintervention).

VIII. Wechselduplikate.

Eine Tratte kann in einem Exemplar als Solatratte, oder in mehreren dergl. beigegeben werden. Diese müssen im Kontexte als Prima, Sekunda, Tertia bezeichnet sein, außerdem gilt jedes Exemplar als Solawechsel. Prima, Sekunda usw. sind immer Originale, da sie nur vom Aussteller gefertigt werden können.

IX. Wechselkopien.

Wechselkopien dagegen kann jeder Inhaber des Originalwechsels in beliebiger Anzahl ausstellen. Sie müssen eine Abschrift des Wechsels, der darauf befindlichen Indossamente, sowie sonstigen Vermerke enthalten und mit der Erklärung „bis hierher Kopie“ oder einer ähnlichen Bezeichnung versehen sein. Die Wechselkopie kann nach Beisetzung der Arretierungsklausel („Bisher Kopie“) zur Aufnahme von Original-Indossamenten verwendet werden.

X. Eigener Wechsel.

Der eigene Wechsel, trockene (Sola-, Deposito-Wechsel) ist ein wechselmäßiges (abstraktes) Summenversprechen des Ausstellers an den Wechselgläubiger ohne Gegenversprechen seitens letzteren. Auch der eigene Wechsel kann indossiert werden.

XI. Scheck.

Scheck ist eine gleichfalls vom eigentlichen Schuldgrunde abgelöste (abstrakte) Anweisung auf ein Guthaben des Ausstellers.

Die Erfordernisse eines Schecks sind nach dem deutschen Scheckgesetze vom 11. März 1908 RGBl. S. 71 c:

1. Bezeichnung im Texte als Scheck, oder dementsprechenden fremdsprachlichen Ausdrucke,
2. Anweisung der Bezogenen auf Zahlung einer bestimmten Geldsumme aus dem Guthaben des Ausstellers,
3. Unterschrift desselben,
4. Angabe des Ortes und Tages der Ausstellung.

Der Postscheck- und Überweisungsverkehr ist durch besondere Postscheckordnung innerhalb des gesetzlichen Rahmens geordnet.

Bayer. Postscheckordnung 17 XI. 1908 GVBl. S. 982.

Anhang IV.

Scheckstempel.

Gesetz vom 15. Juli 1909.

(RGBl. S. 833).

Tarif 10. Ges. §§ 70 mit 77.

Begriff Scheck siehe Anhang III Nr. XI.

Pflichtig sind:

Im Inlande und vom Auslande auf das Inland ausgestellte Schecks, desgleichen im Inlande ausgestellte oder ausgehändigte Quittungen über Geldsummen aus dem Guthaben des Ausstellers bei den in § 2 des Scheckgesetzes vom 11. März 1908 bezeichneten Anstalten.

Befreit sind:

1. Postschecks im inländischen Verkehr,
2. Schecks, welche dem Wechselstempel unterliegen (§ 27 Abs. 2 WStG.).

Entrichtung der Abgabe ehe derselbe im Inlande „ausgehändigt" wird.

Subjektiv pflichtig: Bei Ausstellung im Inlande der Aussteller, bei Ausstellung im Auslande der erste inländische Inhaber.

Versendung zur Annahme ohne vorgängige Entrichtung der Abgabe zulässig, wenn der Annahme rechtliche Wirkung zukommt (vgl. § 27 Abs. 2 WStG.) Ob dies der Fall ist, bestimmt sich nach dem ausländischen Rechte. Im Inlande kommt der Annahme keine Bedeutung zu (§ 10 Scheckgesetz).

Rückerstattung jedoch wegen späterer Versteuerung nach dem WStG. ausgeschlossen.

Bei mehreren Ausfertigungen eines auf Namen lautenden im Auslande zahlbaren Schecks ist nur eine steuerpflichtig, wenn im Texte die Bezeichnung „Erste Ausfertigung usw." steht.

Ein Indossament, welches auf dem versteuerten Formulare nicht steht, macht das weitere Exemplar steuerpflichtig.

Beweis des Vorhandenseins eines versteuerten Exemplars und der Übereinstimmung desselben mit den nicht versteuerten Exemplaren bezüglich der Indossaments obliegt dem steuerlich in Anspruch genommenen Pflichtigen.

Bei rechtzeitig unterbliebener Versteuerung eines Schecks sind alle späteren inländischen Inhaber haftbar. Die diesbezügliche Bestimmung deckt sich wörtlich mit § 12 des WStG.

Ist die Versteuerung einer Quittung unterblieben, so ist sie vom Empfänger binnen 3 Tagen nach Empfang und jedenfalls vor Aushändigung zu betätigen.

Die Steuerentrichtung erfolgt entweder durch Verwendung gestempelter Formulare oder Marken.

Der Markenverkauf obliegt der Post (Allerh. VO. vom 17. Oktober 1909 GVBl. 730).

Strafe wegen Nichterfüllung der Stempelpflicht: 20 Mark für den Scheck oder jede Quittung gegen jeden Säumigen.

Ausstellung von einer im Inlande wohnhaften Person begründet die Vermutung der Ausstellung im Inlande.

Schecks und Quittungen, welche solchen gleichstehen, Übertragsvermerke auf denselben unterliegen keiner Landesabgabe, wohl aber Proteste. Bezüglich der Anspruchsverjährung des Rechtsweges, eventueller Ordnungsstrafen, Strafverfahren, Strafumwandlung, Strafen gegen Gesellschaftsvorstände, Gesellschaften usw., gemeinsame Aussteller, finden die den §§ 16, 17, 24, 21/2 des WStG. fast gleichförmigen

Bestimmungen in §§ 93, 94, 95, 96, 97, 98 RStG. Anwendung.

Als Guthaben im Sinne des Tarifs 10 Abs. 2 sind nur Guthaben zu erachten, die eine Grundlage für den Scheckverkehr zu bilden geeignet sind, über welche sohin frei verfügt werden kann.

Sparkassenguthaben bei Sparkassen wie Genossenschaften fallen nicht hierunter, wenn über dieselben nur mittelst Barabhebung verfügt werden und die Abhebung nur gegen Vorlegung des Sparbuches erfolgen kann.

FME. vom 22. II. 1910 Nr. 4929 I.

Die weißen Schecks der Kgl. Kassen, über Abhebung ihrer Guthaben bei der Kgl. Bank und deren Filialen sind stempelpflichtig.

FME. vom 1. X. 09. FMBl. S. 605.

Wechselstempel-Tarif

im Deutschen Reiche.

Wechselstempeltarif

Stempel-Betrag		Mark-Währung	1 süddeutscher Gulden, sowie 1 Gulden niederländischer Währung	Österreichische Krone	1 österr. Gulden: Silber oder Papier	1 österr. Gulden: Gold	1 Pfund Sterling	1 Frank, Lira, spanisch. Peseta, Löu, finn. Mark	1 spanischer Peso
		=	=	=	=	=	=	=	=
M.	Pf	1 M.	1,70 M.	0,85 M	1,70 M.	2 M	20,40 M	0,80 M	4 M.
		bis	bis	bis	bis	bis	bis	bis	bis
—	10	200	117,6	235,2	117,6	100	9,8	250	50
—	20	400	235,2	470,4	235,2	200	19,6	500	100
—	30	600	352,8	705,6	352,8	300	29,4	750	150
—	40	800	470,4	940,8	470,4	400	39,2	1000	200
—	50	1000	588,0	1176,0	588,0	500	49,0	1250	250
1	—	2000	1176,0	2352,0	1176,0	1000	98,0	2500	500
1	50	3000	1764,0	3528,0	1764,0	1500	147,0	3750	750
2	—	4000	2352,0	4704,0	2352,0	2000	196,0	5000	1000
2	50	5000	2940,0	5880,0	2940,0	2500	245,0	6250	1250
3	—	6000	3528,0	7056,0	3528,0	3000	294,0	7500	1500
3	50	7000	4116,0	8232,0	4116,0	3500	343,0	8750	1750
4	—	8000	4704,0	9408,0	4704,0	4000	392,0	10000	2000
4	50	9000	5292,0	10584,0	5292,0	4500	441,0	11250	2250
5	—	10000	5880,0	11716,0	5880,0	5000	490,0	12500	2500

und so fort von je angefangenen 1000 M. 50 Pf Wechselsumme).

im Deutschen Reiche.

1 türkischer Piaster = 0,18 M.	1 russischer alter Kredit-Rubel = 2,16 M.	1 russischer alter Gold-Rubel = 3,20 M.	1 skandinavische Krone = 1,125 M.	1 deutsch-ostafrikanische oder indische Rupie = 1,35 M.	1 mexikanischer Dollar = 2,10 M.	1 amerikanischer Dollar, japanischer Yen = 4,25 M.	Stempel-Betrag M.	Stempel-Betrag Pf.
bis	bis	bis	bis	bis	bis	bis		
1111,1	92,6	62,5	177,77	148,1	95,2	47,06	—	10
2222,2	185,2	125,0	355,54	296,2	190,5	94,12	—	20
3333,3	277,8	187,5	533,31	444,4	285,7	141,18	—	30
4444,4	370,4	250,0	711,08	592,6	381,0	188,24	—	40
5555,5	463,0	312,5	888,85	740,7	476,2	235,30	—	50
11111,0	925,9	625,0	1777,70	1481,5	952,4	470,60	1	—
16666,5	1388,9	937,5	2666,55	2222,2	1428,6	705,90	1	50
22222,0	1851,9	1250,0	3555,40	2963,0	1904,8	941,20	2	—
27777,5	2314,8	1562,5	4444,25	3703,7	2381,0	1176,50	2	50
33333,0	2777,8	1875,0	5333,10	4444,4	2857,1	1411,80	3	—
38888,5	3240,8	2187,5	6221,95	5185,2	3333,3	1647,10	3	50
44444,0	3703,7	2500,0	7110,80	5926,0	3809,5	1882,40	4	—
50009,5	4146,7	2812,5	7999,65	6666,7	4285,7	2117,70	4	50
55555,0	4630,0	3125,0	8888,50	7407,4	4761,9	2353,00	5	—

Stempel (1/2 ‰ von der auf 1000 aufgerundeten

Sachregister.

(Die Zahlen bezeichnen die Seiten dieses Buches.)

Abgaben, landesgesetzl. 25.
Abgabenerstattung 33.
Abordnung von Beamten in Strafsachen 50.
Abschrift von Wechseln 15, 80, beglaubigte 59.
Akzept 14, 79.
Akzeptant, dessen Steuerpflichten 14, 54.
Akzepteinholung mittelst Wechselduplikaten 14, 55.
Akzeptunterzeichnung 12, 70.
Annahme 14, 79.
Annahmserklärung 14, 54, 79.
Antragstellung in Straffällen 50.
Anweisungen, kaufmännische 24, 25.
Anzeige in Hinterziehungsfällen 23, 50, 57, 58.
Assignationen, s. Anweisung.
Aufsicht d. Besteuerung 23, 57.
Aushändigung unversteuerter Wechsel 13, 14, 52, 70, 71, 72.
Ausländische Wechsel, Stempelfreiheit 9, 51, 69.
Ausland, Begriff desselben 9, 50.
Auslieferung, s. Aushändigung.
Aussteller, Steuerpflicht derselben 12.
Bankhäuser, Schecks derselben 25, 27, 35, 77.
Beamte, Aufsichtspflicht derselben 23, 57, 63.
Befreiung von der Steuer, objektive 9, 24, 25, 27, 51, 77.
Befreiung von der Steuer, subjektive 36.
Beginn der Steuerpflicht 10, 13, 71, 72.
Begnadigungsrecht in Straffällen 61.
Behörden, deren Zuständigkeit, Aufsicht 23, 57.
Berechnung der Wechsel-Stempel-Abgabe 10, 86, 87.
Billets à ordre, steuerpflichtige 27.
Blanketts, deren Fälschung 17.
Blanketts, gestempelte 29.
Blanketts, Stempelmarken-Ergänzung 30.
Blankoindossament macht steuerpflichtig 12.
Briefform, kaufmännischer Anweisungen 24.
Bürgschaft verpflichtet wechselmäßig 12, 54, 70.
Bundesstaatensteuer-Anteil 26, 27.
Copie S. 15, 80.

Datum in der Stempelmarke 63.
Debit der Stempelmarken 30, 65.
Direkt remittierte Auslandswechsel sind stempelfrei 9, 51.
Duplikat eines Wechsels, Steuerpflicht bezw. Freiheit 14.
Durchkreuzung 14, 54.
Eigene Wechsel, deren Stempelpflicht 9, Begriff 81.
Empfang s. Zahlung.
Entrichtung der Stempelabgabe 16, 17, 71.
Entscheidung über Wechselstempelhinterziehungen 22.
Erhebung der Geldstrafen 22, 23.
Ersatz für verdorbene Marken 34.
Erwerb eines Wechsels für eigene oder fremde Rechnung macht steuerpflichtig 12, 52, 71.
Exemplare, mehrere eines Wechsels, s. Duplikate.
Fälschung von Marken, Strafe 17.
Feststellung der Wechselstempelhinterziehung 23.
Firma 12, 71.
Fiskus, der Bundesstaaten, dessen Strafenbezug 22.
Gebühren 25.
Geldbuße für Stempelhinterziehung 20, 21, 22.
Gerichtliche Entscheidungen 69, 77.
Gerichtsstand für die Aburteilung 23.
Gerichtsverhandlung in Strafsachen 50.
Gerichtsvollzieher, deren Verpflichtung erstreckt sich zur Konstatierung der Versteuerung 57; Abgabe und Wechsel an dieselbe 71.
Gezogene Wechsel, deren Stempelpflicht 9; Begriff 78.
Haftbarkeit, solidarische für Versteuerung 12.
Handel mit unversteuerten Wechseln 12, 13, 20.
Indossamente, Begriff 79.
Indossamentsbeisetzung auf Duplikaten 14.
Indossamentsbeisetzung auf Kopien 14, 15.
Inhaber des Wechsels, dessen Steuerpflicht.
Inland, Begriff dess. 9, 50.
Intervention 80.
Kaufmännische Anweisungen s. Anweisungen.
Kommunalbehörden, s. Behörden.
Kopie eines Wechsels wird durch Indossament steuerpflichtig 14, 15.
Kreditbriefe, steuerfr. 24, 25.
Kreisfiskalate 50.
Kreisregierungen 20, 50.
Kurswert 12.
Makler 20.
Mangelhafte Wechselexemplare, Steuerpflicht 9, 70, 74, 75.
Marken für Wechselstempel, Verwendungsart, Verkauf 17, 29, 30, 31, 32, 33.
Mittelwerte d. Währung 12, 28.

Mitunterzeichnung eines Akzeptes macht steuerpflichtig 12.
Nachbarorte 37.
Nachholung von Wechselstempelbeträgen 33, 56.
Nachlaß der Stempelstrafen 22.
Namen in der Stempelmarke 65, auf dem Wechsel 69.
Notare, deren Verpflichtung zur Prüfung von Amts wegen 57, 58.
Notadressen, deren Beifügung macht den Wechsel nicht steuerpflichtig 14, 15.
Ordnungsstrafen, Reichskasse 21.
Ordrebillets, steuerpflichtige 24.
Platzanweisungen, steuerfreie 24, 25.
Postbehörden, deren Tätigkeit und Mitwirkung beim Debit 30, 65.
Präsentation des Wechsels macht steuerpflichtig 12, 15.
Präsentation zum Akzept 14.
Prima eines Wechsels, Steuerpflicht 14.
Protestation 12, 15.
Privatrechtstitel, Protestation Konstatierung d. Stempelverwendung 59; Begriff 80.
Protesturkunden bleiben nach wie vor gebührenpflichtig 25.
Protokolle über Protestaufnahmen 59.
Quittierung eines Wechsels verpflichtet zur Steuer 15.
Quittungen unterliegen keiner besorderen Gebühr 25.
Rechtstitel, siehe Privatrechtstitel 36.
Rechtsweg 18.
Rechtzeitige Versteuerung 13.
Remittierte Auslandswechsel, deren Steuerfreiheit 9, 51.
Rentämter treten in Bayern an die Stelle der Zollbehörden 65; Befugnisse derselben in Strafsachen 49, 61, 65.
Requisitionen in Strafsachen 23.
Rückgabe nichtversteuerter Wechsel 14, 54.
Scheck, Begriff, Besteuerung 81; Stempel 82.
Sekunda eines Wechsels, Steuerpflicht eventuelle 14.
Sicherheitsannahme eines Wechsels verpflichtet zur Steuer 12.
Sicht-Wechsel auf das Ausland, Steuerfreiheit 9.
Solidarische samtverbindliche Haftbarkeit, s. Haftbarkeit.
Staatsanwalt, Staatsbehörden, deren Aufsichtspflicht s. Aufsicht.
Steuerbehörden, Aufsichtsrecht s. Aufsicht.
Strafausspruch, Unterwerfung unter denselb. 49, 50.
Strafe für Stempelhinterziehung 20, 21.
Strafverfahren, Behandlung der Geldstrafen 22.
Tatbestand, Feststellung desselben 23, 59.

Teilnahme am Wechselumlaufe 12, 52, 69.
Terminswechsel auf das Ausland, Steuerfreiheit 9.
Tertia eines Wechsels 14.
Transito-Wechsel, stempelfr. 9, 51.
Umlaufs-Exemplar eines Wechsels 14.
Umlaufszeit der Auslandswechsel 9.
Umrechnung der Wechselwerte 12, 28.
Umtausch verdorbener Marken 34.
Umwandlung von Geldbußen in Freiheitsstrafen ausgeschlossen 22.
Unterbrechung s. Verjährung.
Unterhändler, deren Steuerpflicht 20.
Unterschriftshandzüge 73.
Untersuchung der Wechselstempelhinterziehung 23.
Unterwerfung unter den Ausspruch des Rentamtes 50.
Unterzeichnung eines Wechsels macht steuerpflichtig 12.
Unvermögen zur Strafzahlung, s. Umwandlung.
Unvollständige Versteuerung 56.
Unvorschriftsmäßige Stempelanwendung 17, 32, 65.
Urkunde öffentl. Beweiskraft 72.
Verjährung der Wechselstempelhinterziehungen 22.
Verjährung der Abgabe 17.
Verpfändung eines Wechsels verpflichtet zur Steuer 12.
Versendung vor der Stempelentrichtung zu Akzept 14.
Versicherungs-Gesellschaften 66.
Verträge über Steuerprivilegien 36.
Verwahrer von Wechseln 16.
Verwaltungsbehörden, deren Entscheidungsrecht 22, 64.
Visitationskommissäre, deren Kontrolle 57.
Vollstreckung der Geldstrafen 22.
Vordermänner, deren Haftung in Straffällen 16.
Vordrucke s. Blanketts.
Vorschriften für Stempelverwendung 30.
Währung, deren Umrechnung 12, 28.
Wechselerklärung, Begriff 78.
Weitere Abgabe 10, 26.
Wohnortsangabe in der Stempelmarke 65.
Zahlungsaufträge, s. Anweisungen.
Zahlungsempfang auf Wechsel macht steuerpflichtig 12.
Zahlungsempfänger 12, 80.
Zahlungsleistung auf Wechsel macht steuerpflichtig 12.
Zahlungsversprechen, siehe Billets à ordre.
Zahlungsverweigerung, siehe Protokolle.
Zeit der Besteuerung 13.
Zollbehörden, s. Rentämter.
Zuständigkeit der Behörden bei Steuerhinterziehung 22, 49, 64.
Zwangsversteigerung 22.

FSC
www.fsc.org
MIX
Papier | Fördert gute Waldnutzung
FSC® C083411

Kolibri 360 GmbH
Ferdinand-Jühlke-Straße 7
99095 Erfurt, Deutschland
produktsicherheit@kolibri360.de